스타트업 · 벤처 특허를 위한

변리사 200% 활용법

『이 도서의 국립중앙도서관 출판예정도서목록(CIP)은
서지정보유통지원시스템 홈페이지(http://seoji.nl.go.kr)와
국가자료공동목록시스템(http://www.nl.go.kr/kolisnet)에서 이용하실 수 있습니다.
(CIP제어번호 : CIP2018007933)』

스타트업 · 벤처 특허를 위한

변리사 200% 활용법

제1판 1쇄 인쇄 2019년 6월 20일
제1판 1쇄 발행 2019년 6월 30일

지은이 김광남
펴낸이 김정동
펴낸곳 서교출판사

주소 서울시 마포구 성지길 25-20 덕준빌딩 2층
전화 02-3142-1471 **팩스** 02-6499-1471
홈페이지 http://blog.naver.com/sk1book
출판등록일 1991년 10월 11일 제2-1280호
ISBN 979-11-89729-03-5 13320

* 잘못된 책은 구입하신 서점에서 바꾸어 드립니다.

서교출판사는 독자 여러분의 투고를 기다리고 있습니다. 특히 경제, 경영, 자기계발서 등 관련 원고나 출판 아
이디어가 있으신 분은 seokyobooks@naver.com 으로 간략한 개요와 취지 등을 보내주세요. 출판의
길이 열립니다.

스타트업·벤처 특허를 위한

변리사 200% 활용법

서교출판사

"2022년까지 4년간 총 12조 스케일업 펀드 조성, 2022년 벤처 투자
연 5조원으로 확대, 100건 이상의 규제 샌드박스 사례 연내창출!" 최
근 발표된 '제2 벤처붐 조성 대책'의 주요 내용이다. 역량 있는 기업에
게는 크게 도약할 수 있는 분위기가 형성되고 있다.

기업은 성장하기 위해 다양한 분야에서 역량을 끊임없이 쌓아 나
가야 한다. BM(Business Model) 개발, 제품 개발, 마케팅, 사업 전략,
재무, 인사, 법무, 특허 등등. 특히 특허는 글로벌 비즈니스를 추구하
는 하이테크 기반 기업일수록 중요한 요소이다.

주요 기업들은 특허를 어떻게 다루고 있을까? 외부의 특허 전문가
에 전적으로 의존할까? 그렇지 않다. 기본적으로 외부의 특허 전문가
를 활용해 업무를 진행하지만, 내부에도 상당수의 특허 전문가가 포
진해 있다. 내부 전문가는 외부 전문가와 소통하며 특허 관련 다양한
이슈들을 관리한다. 실리콘밸리에 있는 유망 스타트업은 대형 로펌의
특허전문가를 스카우트해 가기도 한다. 같은 이유일 것이다.

그러나 우리나라 스타트업이나 벤처기업이 특허전문가를 보유하기는 현실적으로 상당히 어렵다. 상당수는 기술 개발이 되었을 때나 특허 출원하기 위해 외부 전문가를 찾고 그에게 전적으로 업무를 의존하는 정도로 특허 이슈를 관리하고 있다. 무엇을 요청하고 체크해야 하는지 조차 모르는 경우가 많다. 이 책은 이러한 현실을 고려해서 집필한 것이다.

리소스가 부족한 스타트업 및 벤처기업은 외부의 특허 전문가와 잘 소통할 수 있는 정도의 지식만 보유해도 된다. 즉, 외부 특허 전문가의 활용을 최적화해 효율적으로 특허 이슈들을 관리하는 것이다. 이를 위해 복잡하고 어려운 지식을 모두 알 필요는 없다.

VC(Venture Capital) 투자를 제대로 받으려면 우선 VC업계에 대해 아는 게 필요하다. 시드(seed)나 시리즈 A급 투자를 받으려는 의료기기 분야 기업이 문화 콘텐츠나 대형 펀드만을 운용하는 VC에 문을 두드리는 것은 효과적이지 못하다. 변리사인 특허 전문가와 소통과 협업을 잘 하기 위해서도 변리사 업계에 대해 아는 게 도움 된다. Chapter1은 이러한 변리사 업계를 에피소드 위주로 자세히 다루고 있다. Chapter2는 변리사와 소통과 협업을 잘 하기 위해 필요한 최소 특허 지식들을 사례 위주로 다루고 있다. 좋은 특허를 확보하는 게 가장 기본이면서도 중요하기에 이와 관련된 내용 중심으로 엮었다. 특허와 친하지 않는 아내가 검수를 하였기에 쉽게 볼 수 있을 것이다. Chpater3는 특허 역량을 좀 더 놓이기 위한 팁이나 확보한 특허를 다양하게 활용할 수 있는 방법들에 대해 소개한다. 필요할 때 찾아서 보면 된다.

그리고 기업의 영원한 숙제이자 고민인 투자유치에 관한 팁들을 부록으로 다루었다. 투자회사 임원으로서의 투자 경험과 VC 친구들의 경험을 토대로 정리한 것이다. 자세히 얘기하자면 책 한 권이 필요한 내용이지만 핵심만 간추렸다. 이 정도도 잘 모르고 투자유치를 진행하려는 기업이 많다. 잘 활용하면 큰 도움이 될 것이다.

이 책은 작년에 출간된 『스타트업·벤처 창업자를 위한 변리사 200% 활용법』을 수정 및 보완한 것이다. 눈여겨보시고 재출간을 수락해 주신 서교출판사 김정동 대표님께 깊이 감사드린다.

끝으로, 어려운 일을 해쳐나가는 독자 여러분께 항상 행운이 함께하기를 빈다.

변리사 김광남

chapter 1
내게 맞는 변리사, 제대로 찾자

chapter 2
특허, 요만큼만 알아도 잘할 수 있다

chapter 3

특허, 이것도 알면 더 좋다

chapter 1
내게 맞는 변리사, 제대로 찾자

진짜 믿을 만한 변리사를 어떻게 찾지?

A는 모바일 커머스 창업을 준비하면서 영업방법에 대해 특허 출원을 하려고 한다. 믿을 만한 변리사를 통해 좋은 특허를 확보하고 싶은데 주변에 아는 변리사가 없다. 인터넷 검색창에 변리사를 쳐본다. 생각보다 엄청나게 많은 정보가 쏟아진다. 한결같이 다 최고의 실력자라고 한다. 특허 출원뿐만 아니라 특허 분쟁 대응, 특허 포트폴리오 분석, 특허 거래 등 모든 분야를 잘 처리할 수 있다고 한다. 자칭 최고의 실력자라며 최저 가격에 특허 서비스를 제공한다고도 한다. 어떤 변리사를 최고 전문가로 소개한 신문 기사도 가만히 읽어 보니 광고성 기사 냄새가 물씬 풍긴다. 그래도 인터넷에 자주 검색되는 변리사라면 좀 더 믿을 만한 실력자가 아닐까 싶어 사무소를 찾아가 상담을 해보았지만 영 개운치가 않다.

B는 지문 센서 벤처를 운영하면서 대학 동아리 후배 변리사를 통해 특허 출원을 진행하고 있다. 아는 변리사가 그 후배뿐이기 때문이다. 마침 후배가 1년 수습을 마치고 개업했다면서 출원을 맡겨 달라고 했다. 아무래도 아는 후배면 좀 더 신경을 써주지 않을까 하는 생각이 들었고, 선배라고 특별히 20% 깎아준다는 것도 마음에 들었다. 어차피 변리사 자격이 있으면 거기서 거기니 싸게 해줄수록 좋다는 생각이었다. 그런데 해외 사업 진출 때문에 해외 출원을 진행하려다 보니 왠지 좀 어설퍼 보인다. 그러고 보니 후배는 토목공학 전공인데 지문 센서 기술을 제대로 이해하는지 의문이 든다. 특허는 하나씩 등록되어 가고 있는데 과연 특허 포트폴리오는 제대로 구축되고 있는지 왠지 불안하다.

C는 모바일 앱 서비스 벤처를 운영하고 있다. 그런데 최근 자신의 앱 서비스가 특허를 침해하고 있다는 경고장을 받았다. 서비스를 언제까지 중단하라며, 불응하면 민·형사상 조치를 취하겠다고 한다. 눈앞이 캄캄하다. 몇 년 고생 끝에 이제야 사업이 빛을 보려는데 중단하라고 하니, 답답하다. 그런데 가만 생각해보니 자신도 특허를 받아 사업을 하고 있는데 왜 특허 침해 경고장을 받아야 하는지 이해가 안 된다. 일단 변리사와 상담을 하려고 보니 누구를 찾아 가야 할지 막막하다. 특허 출원을 대리했던 사무소는 지인이 소개한 곳이었는데, 변리사를 만나지도 않고 차장 명함을 내민 직원과 업무를 진행했었다. 다시 연락해봐야 직원과 상담을 할텐데 이런 중요한 일을 잘 처리할 수 있을지 믿음이 안 간다. 설사 변리

사를 만나더라도 성심성의껏 처리해줄 수 있을지, 무엇보다도 그럴 만한 실력이 있는지도 의문이다. 경고장에 명시된 기한은 다가오는데 가슴만 답답하고 머리가 아프다.

지금 이 책을 보고 있는 당신의 얘기일까? 그럴 수 있다. 주변에서 흔히 볼 수 있는 실제 사례이기 때문이다.

우리는 비즈니스 관계에서 상대방이 믿을 만한 사람인지 끊임없이 탐색한다. 속거나 피해를 보지 않으려는 본능 때문이다. 전문직 서비스를 받을 때도 마찬가지다. 생소한 전문 지식과 업계 관행을 내세워 바가지를 씌우거나 일을 망치지 않을까 염려한다. 그래서 학연이나 혈연을 통해 적임자를 찾으려고 한다.

하지만 변리사도 경험과 전문 분야, 성실성에서 차이가 있다. 그렇다면 학연과 혈연을 통해 찾은 변리사가 적임자일 확률은 얼마나 될까? 아는 변리사가 없어서 소개를 받은 변리사가 적임자일 확률은 또 어떨까? 인터넷에서 자주 검색되는 변리사는?

우리는 정보의 홍수 속에 살고 있다. 과거에는 정보 자체를 얻기가 힘들었다면 지금은 넘쳐나는 정보 속에서 진실한 정보를 찾기가 힘들다. 옷 하나 고를 때도 내 몸에 딱 맞는 옷을 찾기 위해 발품을 판다. 그런데 사업에 큰 영향을 주는 특허사무소와 변리사를 선택하는데 너무 무지한 상태에서 짧은 시간과 노력을 투입하는 건 아닐까? 변리사 경력이 얼마나 되는지, 전공이 무엇인지, 해외 사건 처리 경험이 풍부한지, 소송 경험이 실제 있는지, 분쟁 대응 경험이 풍부한지, 사무소가 대기업이나 해외 기업 위주로 운영되지는 않는지 등 꼼꼼히 따져봐야 한다. 직접 만나 얘기도 나눠보면서 성품도 파악해야 한다. 당신의 사건에 진정으로 관심이 있는지, 아니면 뜨내기 취급하는지 등도 느껴봐야 한다. 당신의 사업을 지켜줄 믿음직한 변리사는 올바른 지식을 갖추고 시간과 노력을 투입해야 만날 수 있다.

02

변리사, 뭐 하는 사람일까?

무슨 일을 하느냐는 물음에 변리사라고 답하면 특허 등 지식재산 전문직으로 아는 이들이 많다. 실상과는 다름에도 전문직 중에 고소득 1위라는 기사가 연례행사처럼 매년 한 번씩 나오고, 삼성과 애플 간의 세기의 특허분쟁이 주목을 받으면서 나온 현상인 것 같다. 병아리의 암수를 감별하는 감별사와 착각하던 시절도 있었으니 그 시절에 비하면 많이 알려지긴 했다. 하지만 가끔 '별리사'라고 받아 적는 이도 있는 걸 보면 아직도 그리 친숙하지는 않은 듯하다. 아무래도 변리사는 변호사, 회계사, 세무사 등 다른 전문직에 비해 무슨 일을 하는지 말 자체에서 확 느껴지지 않기 때문이다. 변호, 회계, 세무는 일상적으로 쓰는 말이지만 '변리(辨理)'라는 말은 잘 쓰지도 않을뿐더러 사전적 의미로도 '일을 맡아서 처리함'이기에 특허 등 지식재산이 선뜻 떠오르지 않는다.

변리사를 영어로 보면 무슨 일을 하는지 좀 더 쉽게 알 수 있다.

변리사는 영어로 'patent attorney'인데, 특허를 뜻하는 'patent'와 변호사 내지 법전문가를 뜻하는 'attorney'의 합성어이다.

변리사의 업무는 크게 보면 특허 등 지식재산 관련 출원 대리 업무, 심판·소송 대리 업무·포트폴리오 분석 등 다양한 분석 내지 컨설팅 업무로 나눠 볼 수 있다. 이 중에서 출원 업무의 비중이 가장 높다.

출원 대리 업무

출원 대리 업무는 변리사의 가장 기본적인 업무다. 발명이나 고안, 디자인, 상표에 대한 권리를 확보하기 위해서는 특허청에 출원을 해야 한다. 물론 나홀로 출원을 할 수도 있지만 권리 확보 가능성이나 권리의 강도 측면에서 변리사를 통해 특허청에 출원하는 것이 바람직하다.

특허 출원을 예로 들면, 변리사는 명세서에 발명을 잘 정리한 후 특허청에 출원을 한다. 물론 이로써 출원 업무가 끝나는 것은 아니다. 특허청에 출원했다고 그냥 특허를 받는 게 아니기 때문이다. 특허청 심사관은 명세서에 기재된 발명을 검토하여 특허 요건을 충족하는지 심사하는데, 대부분의 특허 출원은 일단 거절된다. 이는 권리범위를 얼마나 가져갈 것인지 출원인과 특허청의 줄다리기가 시작되었다고 보면 된다. 변리사가 거절이유에 대해 얼마만큼 잘 대응하느냐에 따라 특허 등록 여부뿐만 아니라 특허의 질(quality)도 달라진다. 그래서 거절이유 대응은 명세서 작성 못지않게 상당히 중요하다.

특허청 단계에서 특허를 받지 못하면 불복절차를 통해 특허심판원, 특허법원, 대법원에서 다툴 수 있다. 변리사는 이러한 단계에서 심판 및 소송 대리를 수행한다.

분쟁 관련 심판·소송 및 자문 업무

특허분쟁이 발생하면 먼저 침해 가능성이나 무효 가능성과 관련하여 검토 내지 감정하는 업무, 즉 '자문업무'를 변리사에게 의뢰한다. 변리사는 특허와 침해 혐의품을 비교하여 침해 가능성이 얼마나 되는지, 무효자료조사를 통해 특허가 무효될 가능성이 얼마나 되는지 전문적인 의견을 제시한다.

특허분쟁이 심판이나 소송 절차로 발전하면 변리사는 특허 무효 여부를 다투는 심판(무효 심판), 침해 혐의품이 특허권의 권리범위에 속하는지, 즉 침해 여부를 다투는 심판(권리범위확인 심판)과 관련하여 대리를 한다. 이에 대한 불복은 특허법원, 대법원에서 계속 다툴 수 있는데, 변리사는 이러한 소송 대리를 수행한다.

다만 특허분쟁은 민사법원에 침해금지 및 손해배상 소송을 제기하여 다툴 수 있는데, 이러한 소송에서는 변호사에게만 대리권이 인정되고 있다(산업계의 절대적인 지지 아래 분쟁 당사자가 선택적으로 변리사도 소송 대리인으로 선임할 수 있도록 하는 법안이 10여 년째 추진되고 있다). 하지만 변리사는 민사법원에서 변론 등 대리를 하지 않을 뿐 특허와 침해 혐의품의 관계분석 등 변호사와 실무적으로 협업하는 경우가 많다.

특허 포트폴리오 분석 등 다양한 분석 내지 컨설팅 업무

경쟁사가 가진 특허들의 집합체, 즉 특허 포트폴리오를 분석하면 경쟁사가 요즘 어느 쪽을 주로 연구하는지, 제품 개발 방향이 무엇인지 알 수도 있다. 특허 출원 후 1년 6개월이 지나면 발명 내용이 공개되므로 공개된 특허자료를 잘 검토하면 경쟁사의 연구개발 트렌드를 파악할 수도 있다. 또한 특허 포트폴리오를 분석하면 경쟁사의 핵심 특허가 무엇인지 알 수 있다. 이를 통해 자사 제품이 경쟁사의 특허를 침해하는지 파악할 수 있는데, 만약 침해한다면 어떻게 해결할 것인지, 즉 회피설계를 할 것인지 무효화를 할 것인지 전략을 세워 대응하도록 한다.

아울러 자사의 특허 포트폴리오를 분석하여 사업 대비 특허 측면에서 보강해야 할 부분이 있는지 확인할 수 있다. 만약 보강할 필요성이 있으면 이를 자체 개발해 특허를 확보하거나 외부에서 적절한 특허를 매입해 특허 포트폴리오를 강화할 수 있다. 또한 자사의 특허 포트폴리오를 분석해 불필요하게 유지하는 특허가 없는지도 알 수 있다.

변리사는 특허 포트폴리오 분석을 포함해 특허 가치평가 등 다양한 컨설팅 업무를 수행한다. 그리고 좀 드물지만 특허 매입·매각과 같은 특허 거래를 대행하거나, 특허 라이선싱 프로그램 운영과 협상 등 특허 수익화를 대행하기도 한다.

03
반드시 변리사에게 맡겨야 할까?

반드시 변호사를 통해서만 소송을 할 수 있을까? 그렇지 않다. 자기가 직접 자신의 소송을 할 수 있다. 얼마든지 '나홀로 소송'을 할 수 있다는 말이다. 그렇다면 특허 출원, 특허 심판이나 소송은 어떨까? 반드시 변리사를 통해서만 해야 할까? 이 역시 그렇지 않다. 남을 대리해 특허 출원·심판·소송을 하는 것은 변리사만 가능하며, 이를 위반하면 변리사법으로 처벌받는다. 그러나 자기가 직접 자신의 특허 출원·심판·소송을 할 수 있다. '나홀로 특허 출원·심판·소송'을 얼마든지 할 수 있다. 그런데 변리사를 통하지 않고 직접 처리하는 게 바람직할까?

이사를 하면 주민센터에 전입신고를 한 뒤 확정일자를 받는다. 임대차계약서를 첨부하고 이름, 주소, 주민번호 등을 기재한다. 그냥 서지적 사항만 기재하면 되는 간단한 절차다. 당연히 직접한다. 그러면 특허 출원은 어떨까? 특허 출원도 이렇게 서지적 사항만 기재하면 될까? 물론 특허 출원도 출원인과 발명자의 인적사항 등 포함해 여러 가지 서지적 사항을 출원서에 기재한다. 이것이 특허 출원의 본질이라면 전입신고와 확정일자를 받는 것처럼 나홀로 출원을 하면 된다. 그러나 서지적 사항을 기재하여 특허청에 제출하는 업무는 특허 출원 업무의 본질이 아니다.

특허 출원 업무의 본질은 출원서에 첨부할 명세서에 발명을 자세하고 명확하게 기술하고, 권리범위를 적절히 설정하는 데 있다. 발명 아이디어를 단지 양식에 맞춰 간단히 정리하는 게 아니라는 말이다. 발명 아이디어를 기초 삼아 다양한 변형 예도 기재하고, 구체적으로 구성과 동작과정을 설명해야 한다. 권리범위 또한 특허를 받는 것은 물론이고 권리 보호가 폭넓게 되도록 설계해야 한다. 그래서 수 페이지 분량의 발명 아이디어는 이러한 작업을 거쳐 수십 페이지로 문서화된다. 특허 출원 업무는 단순 정리가 아니라 창작 행위에 가깝다.

따라서 직접 특허 출원하는 것은 상당히 어려운 일이다. 많은 시간을 들여 출원했더라도 잘해봐야 등록용에 그칠 가능성이 크다. 이러한 특허는 발명이 아무리 훌륭해도 경쟁사가 쉽게 회피할 가능성이 매우 높다. 경쟁사가 유사한 제품을 만들어도 속수무책이다. 또한 내용이 부실해 무효가 될 가능성도 있다. 한마디로 '등록특허 보유'라고 홍보용으로나 쓸 수 있을 뿐 껍데기 특허권이 되기 쉽다는 얘기다. 다양한 특허법 이론과 판례를 수천 시간 공부한 변리사가 명세서를 수백 건 썼어도 여지없이 빨간 펜이 등장한다. 수년 간의 경험을 쌓은 변리사가 명세서를 작성해도 베테랑 변리사가 리뷰를 보면서 수정 지시를 한다. 수만 시간의 경력을 가진 명세사(명세서 작성을 하는 특허사무소 직원)가 작성해도 마찬가지다. 그런데 기껏 수십 시간, 아무리 많아도 수백 시간 투자한 사람이 어떻게 좋은 명세서를 쓸 수 있을까? 만약 그게 가능하다면 그 사람은 특허 출원 업무에 탁월한 능력을 가지고 있는 것이니 아까운 재능 썩히지 말고 당장 변리사로 전업하기 바란다.

해외 출원은 더 어렵다. 해외 출원을 직접 처리하는 것은 불가능에 가깝다. 국내 대리인을 통하지 않더라도 어차피 해외 대리인을 선임해야 한다. 그런데 당장 해외 대리인을 선임하는 것부터 난감할 것이다. 해외 대리인 정보를 얻기도 어렵고, 설사 정보를 얻어서 연락을 하더라도 제대로 상대해줄지도 의문이다. 우여곡절 끝에 해외 대리인을 선임했더라도 외국어로 전문용어를 써가며 업무를 지시할 수는 없을 것이다. 해외 출원 업무는 해외 대리인이 최종적으로 처리하지만 해외 각국의 출원제도도 어느 정도 알고 있어야 한다. 국내 출원 제도를 좀 안다고 해서 해외 출원을 진행할 수 있는 게 아니라는 말이다. 해외출원 비용은 주로 해외 대리인 선임 비용이며 업무를 잘 컨트롤해야 한다. 비용을 줄이려고 국내 대리인을 통하지 않고 직접 처리하려다가 오히려 비용이 더 많이 들고, 사건 자체를 망칠 수도 있다.

일반적으로 특허 중에서 질이 높은 특허가 매매 대상이나 분쟁 대상이 된다. 나는 이런 특허를 수천 건도 넘게 검토해봤다. 그런데 대리인 없이 발명자가 직접 출원한 특허는 단 한 건도 본 적이 없다. 물론 대리인을 통해서 출원한 특허가 모두 훌륭하다는 뜻은 아니다. 형편없는 특허도 상당수다. 다만, 나홀로 출원해서 좋은 특허를 가지기가 훨씬 어렵다는 말이다. 그래서 질에 상관없이 특허 등록만을 목표로 한다든지 전업 발명자로 나서는 게 아니라면 나홀로 출원은 절대 권하지 않는다.

특허 심판이나 소송을 직접 하겠다는 사람은 특허 출원에 비해서 아무래도 드물다. 절차가 복잡할 뿐만 아니라 법리와 판례도 꿰뚫고 있어야 하기 때문이다. 발명 내용이야 발명자가 잘 알겠지만 그것만으로는 심판이나 소송을 제대로 하기 어렵다. 더군다나 발명 내용을 잘 안다고 하더라도 심판·소송 관점에서 보면 발명 내용을 잘못 이해하고 있는 경우가 많다. 발명 내용을 해석하는 것, 즉 특허의 권리범위를 해석하는 것은 단순히 제품 기능을 설명하듯이 두루뭉술하게 해석하는 게 아니기 때문이다. 권리범위 해석과 관련한 법리·판례만도 두꺼운 책 한 권 분량이 된다.

상대가 변리사를 소송대리인으로 선임하지 않고 직접 소송을 진행한 경우를 경험한 적이 있다. 필자로서는 클라이언트를 위해 상대 특허권자의 특허를 무효화시키려고 최선을 다했는데, 한편으로는 상대가 너무 쉽게 무너지는 모습을 보면서 안타까운 마음이 들었다. 상대가 변리사를 선임했다면 나름 반론을 펼칠 수도 있었을 것이다. 심판관이나 판사는 소송대리인 없이 심판이나 재판에 임하는 이들을 약자로 보고 어떻게든 약자 편에서 도우려고 하는 사람이 아니다. 설사 그런 마음이 들더라도 법적으로는 그렇게 할 수 없다.

당신의 특허가 너무 훌륭해 굴지의 기업들이 도용하고 침해하는가? 그런데 대리인을 선임할 돈이 없어 직접 소송을 할 수밖에 없다? 그런 경우라면 더더욱 유능한 변리사를 찾아서 상담해보라. 착수금을 감당할 수 있는 수준으로 낮추고 소송하는 방안에 대해 조언을 들을 수도 있다.

특허권자 입장이든 상대방 입장이든 특허 심판이나 소송을 수행하는 상황이라면 반드시 변리사를 선임하라. 져도 상관없는 건이 아니라면 말이다.

04

변리사, 아는 만큼 활용한다

'아는 만큼 보인다'고 한다. 특허 업무를 변리사를 통해 진행하는 경우도 마찬가지다. 아는 게 있어야 변리사를 잘 선임할 수 있다. 아는 게 있어야 변리사에게 필요한 업무를 요청할 수 있다. 아는 게 있어야 변리사와 협업을 잘 진행할 수 있다.

언론 매체에 변호사와 의사가 자주 등장한다. 그러나 노출과 실력은 정비례하는 게 아니다. 변리사도 마찬가지다. 언론에 노출이 많이 되었다고 실력자가 아니다. 광고성으로 많이 노출됐을 가능성도 있다. 물론 언론에 노출된 이들이 모두 실력이 형편없다는 뜻은 아니다.

얼마 전 세무사 업계를 다룬 책을 보았다. 그 책을 통해 세무사도 나름대로 전문분야가 있다는 것을 알았다. 모든 세무사가 양도소득세를 잘 처리할 수 있는 게 아니라는 것이다. 이는 경험으로도 깨달았다. 최근 양도소득세를 사전에 계산해볼 일이 있었는데 문의한 세무사마다 예상 양도소득세가 달랐다. 그것도 배 이상 차이가 나서 깜짝 놀랐다. 변리사도 마찬가지다. 변리사 자격이 있다고 다 똑같이 보지말고 의뢰할 사안에 따라 신중히 선임해야 한다.

예를 들어 전기·전자 변리사가 화학·바이오 사건을 잘 처리하기는 어렵다. 반대로 화학·바이오 변리사가 전기·전자 사건을 잘 처리하기도 어렵다. 컴퓨터 시스템 기반의 영업방법은 특허로 보호 받을 수가 있는데 영업방법 특유의 이슈들이 있다. 따라서 전기·전자 변리사 중에서도 영업방법 특허 처리 경험이 풍부하지 않으면 영업방법 특허를 제대로 처리하기가 어렵다. 특히 미국에서 영업방법 특허를 받으려면 관련 미국 특허 판례 동향과 실무를 변리사가 잘 알고 있어야 한다.

국내 특허는 출원 후 등록까지 1년여가 소요되고, 해외특허는 2~3년 소요된다. 이런 점을 알고 있다면 경력 3년도 안 된 변리사에게 중요한 해외출원을 의뢰하지는 못할 것이다. 분쟁 사건의 경우 침해 민사소송은 대형 로펌이나 전문 로펌이 처리하는 경우가 많다. 그러다보니 웬만한 변리사는 침해 민사소송 경험이 없거나 매우 적다. 무효소송과 같은 특허법원에서의 심결취소소송도 실제로 경험해보지 않은 변리사가 많다. 분쟁 건이 상대적으로 적을뿐더러 일부 대리인에게 편중되기 때문이다. 그런데 변리사 어느 홈페이지를 봐도 한결같이 전문 서비스 분야로 특허 분쟁 및 소송을 홍보하고 있다. 이는 할 수 있는 자격이 있다는 것이지 잘할 수 있는 경험과 능력이 있다는 뜻은 아니다.

소송 문의를 하면 무조건 승소할 수 있다고 큰소리치는 변호사들이 있다. 이들은 사건을 수임하고는 불성실 변론으로 일관하다 패소하면 재판부가 편향되었다느니 상대가 거물급 전관을 썼다느니 핑계부터 댄다. 변리사도 다르지 않다. 무조건 특허 등록을 받을 수 있다며 수임한 뒤에 연락이 잘 안 되는 경우도 있다. 전문직 라이선스가 성실성과 도덕성까지 보증하지 않는다는 것을 알아야 한다. 전문직 라이선스는 해당 업무를 수행할 최소한의 지식을 보유하고 있다는 것 그 이상도 이하도 아니다. 또 모든 변리사가 사건을 성실하게 수행하는 건 아니라는 점도 분명하게 알아야 한다.

또한 변리사를 잘 선정했어도 아는 게 있어야 필요한 업무를 요청하고 협업을 잘 할 수 있다. 예를 들어 특허 출원을 의뢰하기 전에 비슷한 특허가 이미 있지는 않은지 얼마든지 검색해서 알아볼 수 있다. 아이디어가 떠오른다고 그때마다 변리사에게 출원을 의뢰하는 것은 비효율적이다. 출원 의뢰를 하려면 배경기술과 발명의 구성 및 작용, 관련 도면 정도는 간단히 정리해서 상담하는 것이 바람직하다. 그래야 더 건설적이고 효율적 미팅을 할 수 있다.

출원 전에 자신의 발명을 논문에 게재하거나, 박람회에 출품하거나 IR 발표를 하는 행위만으로는 특허를 받지 못할 수 있다. 이 정도는 알아야 소중한 발명이 실수로 물거품되는 일이 발생하지 않는다. 출원 전에 이러한 공개 행위를 했어도 소정의 절차에 따라 구제받을 수 있는 경우가 있다. 이 정도도 모르면 변리사를 통해 구제 받을 시도조차 하지 못한다.

변리사를 통해 특허 전문 서비스를 받는 것이니 세부적이고 지엽적인 것까지 알 필요는 없다. 그렇더라도 변리사를 선임할 수 있는 안목과 더불어 잘 활용할 수 있는 정도의 지식은 갖춰야 한다.
아는 만큼 보인다. 아는 만큼 변리사를 활용할 수 있다.

특허사무소는 다 비슷비슷하다?

○○○국제특허법률사무소, ○○○특허법률사무소, ○○○특허 사무소. 명칭에 약간의 차이가 있지만 모두 동일하다. 국제특허법률사무소는 '국제'란 말이 들어가 있어 한 단계 위 사무소로 착각하는 이들도 있는데 모두 동일하다. 변리사 업무가 해외 출원 등 기본적으로 글로벌한 업무를 다루다보니 국제특허법률사무소란 명칭을 쓸 뿐이다. '국제'란 말이 들어 있지 않다고 해서 해외 출원 업무를 취급하지 못하거나 안 한다는 뜻이 아니므로 오해 없기를 바란다.

특허사무소와 구분되어 특허법인이 있다. 특허법인은 3인 이상의 변리사로 구성된다. 원래는 5인 이상이었는데 요건이 완화되었다. 일반적으로 사업은 개인사업자와 법인사업자로 구분한다. 특허 사무소와 특허법인도 이에 준한다고 보면 된다. 아무래도 특허법인이 규모도 있어 보이고 전문적인 인상을 주기 때문에 특허사무소보다는 특허법인 형태를 선호한다.

특허법인이든 특허사무소든 인력 구성은 보통 변리사, 명세사, 행정직원으로 이루어진다. 명세사는 변리사의 지휘 아래 발명에 대한 명세서를 작성하는 직원을 말한다. 물론 변리사가 직접 명세서를 작성하는 게 원칙이고 바람직하다. 그러나 명세사를 두지 않고 변리사가 명세서 작성 업무를 모두 커버하기에는 현실적인 어려움이 있다. 다만 과거에는 변리사보다 명세사가 훨씬 더 많았지만 최근에는 변리사도 급증하고 클라이언트의 눈높이가 올라가면서 그 반대 구조로 바뀌고 있다.

명세사가 명세서를 작성하더라도 베테랑 변리사의 리뷰를 거치면 질이 컨트롤된다. 문제는 명세사가 변리사의 리뷰 없이 명세서 작성을 완료하는 경우다. 아주 특별한 경우를 제외하고 명세사가 아무리 경험이 많더라도 변리사 수준의 명세서를 단독으로 완성하기는 어렵다. 때문에 베테랑 변리사의 리뷰가 철저히 이루어져야 한다. 더 큰 문제는 명세사가 영업까지 하면서 오히려 변리사를 고용하거나, 변리사 명의만 빌려 사무소를 운영하는 것이다. 엄연한 불법이다. 이런 경우 정상적인 전문 서비스가 이루어지기 어렵다. 특허법인은 변리사 3명부터 100여 명으로 구성된 곳까지 다양하다. 대형 특허법인은 1년에 수백 건 내지 수천 건을 출원하는 대기업이 주요 클라이언트다. 중소기업이나 벤처 사건을 다루는 부서를 별도로 두는 곳도 있지만 아무래도 대기업 클라이언트 중심이기에 1년에 몇 건 출원하지도 않는 기업은 상대적으로 찬밥 신세가 되기 쉽다. 아무리 변리사가 많은 대형 특허법인이라도 어차피 특허 사건은 변리사 한두 명이 처리하기 때문에 작은 기업일수록 굳이 대형 특허법인을 찾을 필요는 없다.

그런데 여러 명의 변리사로 구성된 특허법인일지라도 변리사가 각각 독립채산제로 일하는 별산제 법인인 경우도 꽤 있다. 법무법 인이나 회계법인, 세무법인에서도 상당히 일반화된 구조다. 별산 제 법인은 주니어 변리사나 명세사를 서로 공유하며 긴밀하게 협 업하는 경우도 있지만, 장소와 법인 명칭만 공유할 뿐 아무런 협업 이 없는 경우도 있다. 이런 경우는 1인 특허사무소와 사실상 동일 하다.

국내에 특허 출원을 하는 기업은 한국 기업만 있는 게 아니다. IBM, 퀄컴, 구글처럼 유명 외국 기업들이 우리나라에서 특허권을 확보하기 위해 국내에 특허 출원을 하는데, 이런 사건을 '인커밍 (incoming) 사건'이라고 한다. 인커밍 사건은 국내 기업이 국내 출 원하는 것에 비해 수수료가 배 이상으로 높다. 그리고 인커밍 사건 을 주로 처리하는 특허법인은 국내 기업 사건을 수임하지 않는다. 설사 수임하더라도 마이너한 클라이언트로 취급할 수 있고, 사건 수임 경험도 얕다. 그러므로 스타트업이나 벤처 기업이 인커밍 전 문 특허법인에 사건을 의뢰하는 것은 바람직하지 않다.

02
싸게 잘하는 데가 있다?

    싸고 좋은 물건. 많은 기업들이 제조비용을 낮추고 더 성능 좋은 제품을 생산하기 위해 끊임없이 혁신을 추구한다. 수작업을 자동화하고, 공정을 효율화하고, 재료를 바꾸는 등 여러 노력을 통해 싸고 질 좋은 물건을 만든다. 서비스의 경우는 어떨까?

    예를 들어 농수산물이나 축산물 유통시장은 중간에 거간꾼이 여럿 개입하고 유통구조가 복잡하기로 유명하다. 이런 유통 서비스는 플랫폼화를 통해 유통구조를 단순화시킴으로써 소비자에게 싸고 질 좋은 물건을 공급한다. 분명 혁신이 가능한 부분이 있다. 그렇다면 싸고 질 좋은 물건이나 서비스는 업종을 가리지 않고 가능할까? 특허 서비스도 이런 싸고 질 좋은 서비스가 가능할까?

    특허 관련 서비스 중에서 가장 대표적인 특허 출원을 예로 들어 보자. 특허 출원 대리인 수수료는 착수금, 거절이유 대응 수수료, 성사금으로 세분된다. 거절이유 대응 수수료가 없는 경우도 있고 성사금이 없는 경우도 있다. 어찌됐든 이를 종합한 특허 출원 수수료는 사건의 난이도에 따르지만 스타트업·벤처 기업 사건의 경우 보통 300만~450만 원이다. 성사금은 특허가 결정되었을 때만 받는 것이기에 평균 특허 결정률을 고려하면 실제 특허 출원 수수료는 250만~350만 원으로 볼 수 있다. 이러한 수수료는 변리사가 급증하면서 20년 동안 변화가 없거나 오히려 낮아지고 있다. 그러면 이런 수수료에 거품을 제거할 여지가 있거나 다른 산업 분야처럼 과감한 혁신을 통해 수수료를 낮출 수 있을까?

특허 출원 업무의 핵심은 명세서 작성과 거절이유 대응이다. 이는 발명 상담, 관련 선행기술조사, 명세서 작성, 리뷰, 명세서 수정 및 보완, 거절이유 분석, 의견서 및 보정서 작성으로 세분된다. 이러한 업무는 경우에 따라 다르지만 보통 25~35시간이 소요된다. 산수를 좀 하면 시간당 요율이 나온다. 이것도 어디까지나 순수익이 아니라 매출이다. 20년 전이라면 모를까 이제는 거품이 있다고 보기 어렵다. 그럼 아마도 "전문직종 중에서 소득 1위로 연 6억 원을 번다는 기사를 매년 봤는데 무슨 소리야?" 이렇게 말하는 이들도 있을 것이다. 그래서 하는 말이다. 변리사에 대해 정확히 다룬 기사는 소득이나 수익 같은 애매모호한 표현을 쓰지 않고 매출이라고 쓴다. 그리고 이 매출은 변리사 1인당 매출이 아니라 사무소 1개당 매출이다.

그런데도 수수료를 더 낮춰 반값에 특허 출원을 해주겠다고 광고하는 사무소도 있다. 그중에는 마치 온라인 의뢰 시스템을 통해 뭔가 수수료 혁신을 한 것처럼 오인시킨다. 그러나 메일 대신에 홈페이지 시스템을 통해 온라인으로 사건을 의뢰받는다고 출원 업무의 본질이 달라질 것은 없다. 명세서 작성과 거절이유 대응 업무는 여전히 변리사가 머리를 싸매고 직접 문서를 작성해야 하는 업무다. 인공지능(AI)이 명세서 작성과 거절이유 대응을 해주는 것은 아직 꿈에 불과하다. 나는 특허 서비스에 혁신이 오기를 바란다. 만약 이 책을 보는 독자 중에 AI 기반의 명세서 작성 프로그램을 개발할 수 있는 분이 계시다면 연락하기 바란다. 진심이다. 요원하지만 함께 AI 기반의 특허 서비스 혁신을 이루고 싶다.

그렇다면 낮은 수수료를 제시하는 곳은 어떻게 출원 업무를 진행할까? 간단하다. 관련 선행기술조사를 전혀 하지 않거나 의뢰인이 적어준 발명 내용을 살짝 다듬어서 명세서를 작성한다. 실시 예를 변형시키거나 추가하는 업무를 생략한다. 청구범위의 청구항을 다양한 각도에서 작성하고 권리범위를 최적화하는 업무를 줄인다. 거절이유를 대충 분석하고, 권리범위를 대폭 축소시켜 특허 결정만 받도록 유도한다.

혹자는 더 큰 고부가가치 업무가 있어 저렴한 특허 출원 수수료를 상쇄하지 않느냐고 말하기도 한다. 특별히 그런 업무는 없다. 있더라도 그 업무 때문에 당신의 업무는 제대로 취급받지 못하고 치일 것이다. 수수료를 깎아가며 잘 해달라는 클라이언트와 더 주면서 잘 해달라는 클라이언트가 있다면 누구의 사건에 더 신경을 쓰겠는가?

거품은 사라진 지 오래다. 싸게 잘하는 곳도 없다. 싼 게 비지떡이다.

지인이 소개한 변리사가 최고라고?

변리사는 2000년대에 들어 급증했다. 시험을 통해 한 해 수십 명 뽑았던 시절이 있기도 했지만 2000년대에 들어서는 200여 명씩 뽑고 있다. 그런데도 주변에 잘 아는 변리사는 없다. 그러다보니 지인에게 부탁해 소개를 받는다. 소개를 받으면 내 사건을 더 신경 써 주겠지 하는 믿음이 작용한다.

변리사 입장에서 보면 클라이언트는 학연이나 혈연으로 알게된 클라이언트, 사회에서 알게 된 클라이언트, 이들이 소개해준 1차 클라이언트, 여기서 파생된 2차 클라이언트가 주다. 지인을 통해 변리사를 소개받았다면 1차 또는 2차 클라이언트가 될 것이다. 그렇게 보면 다른 클라이언트들도 거의 같은 입장이다. 그러니까 이 말은, 단지 소개를 받았다고 특별하게 신경을 더 쓰기 어렵다는 것이다.

설령 특별히 더 잘해주려고 해도 전문성이 있어야 잘해줄 수 있다. 전문성이 없으면 잘해주려고 해도 할 수가 없다. 소개를 받은 변리사가 과연 당신의 사건에 대해 전문성을 가지고 있을까? 소개를 한 지인도 실제로 일을 해본 게 아니라 생각나는 변리사가 그뿐이라 소개해줄 수 있다. 변리사면 다 거기서 거기라고 생각하고 그냥 추천해 줄 수도 있다. 당신이 처한 상황을 정확히 모르고 추천한다는 말이다.

예를 들어, 영업방법 특허를 출원해야 하는데 이를 다뤄보지 못한 화학·바이오 변리사를 소개할 수도 있다. 해외 출원을 준비해야 하는 중요한 건인데 이제 막 수습 딱지를 뗀 신참 변리사를 소개할 수도 있다. 경쟁사가 제품을 모방해서 법적 조치를 취해야 하는데 분쟁 경험이 없는 변리사를 소개할 수도 있다. 이게 소개의 함정이다. 좋은 뜻으로 소개해 주었지만 결과는 뜻하지 않는 방향으로 흐를 수 있기 때문이다.

물론 1차 클라이언트나 2차 클라이언트로 일을 해본 경험이 있어 소개해줄 수도 있다. 특별히 문제된 적이 없으니 소개한 것이다. 그러나 특허는 웬만해서는 문제가 있는지 없는지 곧바로 알기 어렵다. 수술을 받았는데 오히려 더 아프면 수술이 잘못됐다고 금방 알 수 있지만 문서 형태인 특허는 그 속성상 실제 활용하기 전까지는 문제가 잘 드러나지 않는다. 설사 지인과 변리사가 궁합이 잘 맞았다고 할지라도 당신에게 적용된다고는 할 수 없다. 지인은 단지 국내 출원을 하여 권리범위가 어떻든 특허등록만 하면 됐지만 당신은 해외 출원까지 해서 제대로 된 특허를 획득하거나 분쟁을 처리해야 하는데, 과연 만족할 수 있을까?

그래서 지인이 소개한 변리사라고 무작정 신뢰하면 안 된다. 중요한 사건일수록 품을 많이 팔아야 한다. 만나서 이것저것 물어보기도 하고, 가능하다면 다른 루트를 통해 평판 조회도 해보는 게 좋다.

친구나 선후배, 친척인 변리사도 마찬가지다. 학연이나 혈연이면 아무래도 더 신경을 쓰겠지만 전문성이 없다면 어쩔 수 없다. 신경 쓴다고 갑자기 전문성이 생길까? 또 아무리 특별한 학연이나 혈연이라고 해도 시간을 훨씬 더 들일 수는 없다.

오래전에 이런 일이 있었다. 변리사 시험에 합격한 뒤 특허사무소에서 수습 변리사로 연수를 받을 때였다. 지도교수님이 중요한 특허 출원을 의뢰하셨다. 변리사 시험에 합격한 나를 챙겨주려는 마음도 있었을 테고, 어려운 시험에 합격을 했으니 특허 출원을 할 만한 능력이 있다고 판단하셨을 것이다. 그러나 나는 정중히 거절하고 다른 변리사를 소개해 드렸다. 수습 변리사로서는 감당하기가 어려웠기 때문이다.

지인이 소개한 변리사나 학연 혈연으로 얽힌 변리사를 배제하라는 얘기가 아니다. 관계에 지나치게 비중을 두지 말고 전문성에 대해 따질 것은 따져보라는 얘기다.

04
특허 등록 100%?

특허 등록 100% 보장! 특허 출원 시 무료, 등록 시에만 비용 지불!

요즘 들어 이런 광고 문구가 종종 눈에 띈다. '특허 등록을 100% 보장하고 등록 시에만 비용을 받겠다니, 이거 자신감 대단하네. 분명 엄청난 실력을 가진 변리사겠지?' 이런 생각이 드는가? 그렇다면 당신은 이미 낚였다.

발명은 특허 등록이 되어야 비로소 온전한 권리를 갖기 때문에 특허 등록 여부는 매우 중요하다. 특허 등록이 안 되면 경쟁자가 당신의 제품을 침해해도 제동을 걸 수 없다. 더 나아가 침해로 손해가 발생해도 손해배상을 받을 수도 없다. 특허 등록이 되어야 자신의 기술을 독점적으로 쓸 수 있는 권리를 갖게 되고, 경쟁자가 모방하지 못하도록 할 권리마저 갖게 된다. 특허 등록은 정부과제 선정이나 자금조달에도 유리하다. 그래서 특허 등록은 매우 중요하다.

그런데 특허 등록은 되었지만 실질적으로 그 특허가 아무런 역할을 못할 수도 있다. 특허 등록이 되었는데 경쟁자가 내 제품을 침해해도 제동을 걸 수 없고, 손해배상도 받을 수 없다고? 그렇다. 충분히 그럴 수 있다. 특허나 저런 광고 문구에 넘어가 특허 등록을 받았다면 거의 100% 그렇다고 볼 수 있다. '왜 그런 일이 있을 수 있지? 내가 한 발명은 정말 뛰어난 것인데, 이 뛰어난 발명으로 특허를 받았는데 무용지물이라니, 이게 말이 돼? 아니, 내 발명이 형편 없다는 거야?' 이런 생각을 할 수도 있다. 그렇다면 당신은 발명과 특허가 별개라는 것을 모르고 있는 것이다.

음식물로 치면 발명은 식자재에 해당한다. 특허는 그 식자재로 만든 요리다. 식자재가 신선하다고 해서 무조건 맛있는 요리가 탄생하지는 않는다. 신선한 식자재를 사용한 요리지만 맛은 형편없는 경우를 경험해봤을 것이다. 분명히 요리는 요리였다. 다만 맛이 없는 요리였을 뿐이다.

특허도 마찬가지다. 등록된 특허이기는 하지만 형편없는 특허가 있다. 정성들여 제대로 만들지 않으면 형편없는 요리가 나오듯이 비록 그 특허의 근본이 된 발명 아이디어가 훌륭했더라도 형편없는 특허가 나올 수 있는 것이다.

훌륭한 발명 아이디어가 대체 어떠한 과정을 거치면서 형편없는 특허로 전락하는지, 자세한 설명은 뒤에서 하겠다(당장 궁금해서 못 참겠다면 '군더더기들이 좋은 발명을 망친다' 부분을 먼저 보기 바란다). 다만 여기서 반드시 알아두어야 할 점은, 발명이 특허로 등록되었다고 해서 반드시 좋은 특허로 탄생하는 게 아니라는 말이다. 또 특허 등록률 100%가 그 특허사무소의 실력이 월등함을 의미하지 않는다는 것이다. 오히려 그 반대일 수 있다.

특허 등록 100%, 이 숫자에 속지 말자. 당신이 먹고 싶은 것은 '맛있는 요리'인가, 아니면 그냥 '아무거나 요리'인가?

승소를 장담하면 믿음직해 보인다?

　　　　　변호사에게 사기를 당하지 않는 방법 중 하나가 승소를 장담하는 변호사를 피하라는 것이란다. 그러나 큰소리 뻥뻥 치면서 100% 이겨주겠다고 하는 변호사를 뿌리치기 힘들 것이다. 자신감에 차 있어 보이고 왠지 믿음직해 보이기 때문이다.

　변리사도 특허분쟁과 관련하여 심판과 소송 대리인을 맡는다. 형사사건이 경우에 따라 개인의 명운을 좌우할 수 있다면 특허분쟁 사건 역시 경우에 따라 회사의 명운을 좌우한다. 그래서 믿을만한 변리사를 찾게 마련인데, 승소를 장담하는 변리사에게 끌리는 건 어쩔 수 없다. 승소는 장담하지 못하면서 이런저런 리스크를 얘기하는 변리사를 보면 자신도 없어 보이고 안 좋은 결과가 나올 것 같아 걱정이 되기 때문이다.

　그러나 심판과 소송은 일부 승소도 있지만 구조적으로 모두가 이기는 결과가 나올 수 없다. 이기는 쪽이 있으면 지는 쪽이 있고,

지는 쪽이 있으면 이기는 쪽이 있게 마련이다. 그런 면에서 이길 확률은 50%다.

물론 사건이 당신에게 매우 유리할 수도 있다. 하지만 심판과 소송은 어느 한 가지 이슈만 쟁점이 되지 않고 다양한 이슈가 쟁점이 되어 복잡한 공격과 방어를 하게 된다. A 이슈에서는 유리하지만 B 이슈에서는 불리할 수 있고, 이 B 이슈가 심판 및 소송이 진행되면서 예상보다 크게 부각될 수도 있다.

사건을 상담할 때 없던 이슈가 튀어나오는 경우도 허다하다. 5년 전에 논문을 발표했거나 제품 출시를 했는데 이게 특허 출원 전에 이루어진 사실을 상대가 갑자기 찾아내어 전세가 역전될 수도 있다. 또 특허무효심판에서는 방어에 성공했지만 특허법원에서 상대가 새로운 특허문헌을 증거로 제출하여 무효 판결이 나올 수도 있다. 이처럼 상담을 할 때나 사건 초기에는 전혀 생각하지 않았던 이슈들이 심판 및 소송이 한창 진행되는 과정에서 나올 수 있다.

아주 간단하거나 너무나도 명백한 사건이지 않는 한 특허사건은 그 특성상 상당한 시간만으로 승소 여부를 판단할 수 없는 경우가 대부분이다. 침해 여부 판단도 사건에 따라 제대로 하려면 수십 시간이 들기도 한다. 먼저 특허 문서를 검토하여 발명을 이해한다. 그런 뒤 특허 받는 과정에서 특허청과 출원인 간에 오고 간 서류들을 모두 검토한다. 마지막으로 침해 혐의 물품을 특정하여 침해법리에 따라 특허권과 침해 혐의 물품을 비교 분석한다. 그래서 침해나 무효 가능성 판단은 심판 및 소송 전에 하나의 자문사건으로 별도로 다루기도 한다.

사전 검토를 충분히 했다 하더라도 무턱대고 승소를 장담하는 변리사는 특히 주의해야 한다. 그 변리사는 사건을 수임하는 데에만 혈안이 되어 있을 것이다. 경험도 별로 없는 변리사일 가능성도 크다. 앞서 말했듯 심판 및 소송을 진행하는 과정에서 나오는 돌출 변수들도 있고, 납득하기 어려운 결론이 나오는 경우도 간혹 있다. 그래서 경험이 많은 변리사일수록 승소를 장담하는 행위는 절대 하지 않는다. 승소가 확실한 경우라도 클라이언트에게 승소 확률이 80~90%라고 말한다. 직간접적 경험으로 어떤 이변이 일어날 수도 있음을 알고 있기 때문이다.

당신이 만난 변리사가 승소를 장담하지 않아서 왠지 자신 없어 보이고 믿음직스럽지 않은가? 그렇다면 정말 경험도 없고 실력이 형편없어 그런 것인지, 아니면 경험도 많고 신중해서 그런 것인지 잘 살펴보라. 객관적인 시각에서 이슈 내지 리스크에 대해 조목조목 얘기를 해주는지, 그리고 관련 경험을 바탕으로 얘기를 상세히 해주는지를 보면 감이 올 것이다.

06

변리사에게 맡기면 알아서 다 해준다?

우리는 아프면 의사를 찾아간다. 증상을 정확하고 자세히 얘기해야 의사가 오진할 확률이 줄어든다. 치료과정 중에도 몸 상태의 변화나 특이한 사항이 느껴지면 의사에게 즉각 말해야 한다. 증상은 환자가 가장 잘 알기 때문이다. 누구도 의사에게 치료를 맡겼다며 자신의 병에 관심을 꺼버리지는 않는다. 아무리 명의라도 환자가 병에 관심을 가지고 협조하지 않으면 제대로 치료할 수 없다.

변리사에게 사건을 의뢰한 경우도 마찬가지다. 특허 출원을 의뢰하려면 자신의 발명을 최대한 정확하고 자세하게 설명해줘야 한다. 발명은 발명자가 가장 잘 알기 때문이다. 변리사가 기술 전문가라고 하지만 다양한 기술을 빠르게 이해할 수 있는 능력이 뛰어나다는 것이지 구체적인 발명에 대해 발명자보다 더 잘 아는 게 아니다. 발명이 아직 완성되지 않거나 명확하지 않은 상태에서 변리사에게 횡설수설하면 곤란하다.

변리사는 특허 출원을 대신 해주는 사람이지 발명을 대신 해주는 사람이 아니다. 발명을 설명하기에 앞서 몇 페이지라도 문서화해서 정리하는 것이 필요하다. 그래야 발명이 명확해진다. 머릿속으로 구상만 하지 말고 반드시 문서화해야 한다. 그리고 관련 선행기술도 파악해서 아는 범위에서 변리사에게 알려주는 게 좋다. 관련 업계 동향 자료, 경쟁사의 제품이나 서비스의 장단점을 조사한 자료가 있다면 발명과 관련된 부분을 제공하는 것도 좋다. 정부과제를 받거나 투자를 받기 위해 과제 제안서나 IR 자료를 작성할 때는 업계 동향과 경쟁사 관련 항목을 필수적으로 담게 되는데, 이러한 자료를 활용하는 것도 좋다.

그런데 변리사에게 자료를 제공할 때 비밀유지 위험성을 염려하는 이들이 있다. 변리사는 변리사법에 따라 비밀유지의 의무가 있고, 위반을 하면 처벌받는다. 비밀유지에 대해서는 안심하고 변리사와 정보를 공유해도 된다.

변리사에게 대리인 수수료를 지불하는데 굳이 문서 작업을 많이 해 제공할 필요가 있느냐는 이들도 종종 있다. 클라이언트와 변리사는 업무량을 두고 줄다리기할 관계도 아니고 비즈니스 상대도 아니다. 관련 정보를 잘 정리해줄수록 변리사는 발명의 핵심을 더 정확하고 신속하게 파악하고, 다양한 변형 예를 함께 고민한다. 당신의 발명이 더 강력히 특허로 보호받을 수 있도록 청구범위 작성에 시간을 더 할애한다. 어차피 당신의 특허다. 당신이 정성을 기울인 만큼 더 좋은 특허를 확보할 수 있는 것이다.

변리사는 명세서 초안을 작성하면 보통 클라이언트에게 리뷰를 요청한다. 명세서가 낯설기도 하고 전문가가 작성했으니 코멘트할 게 있을까 싶어 리뷰를 생략하고 그냥 출원해 달라고 하는 경우가 있다. 그러나 실제로 수정을 하지 않더라도 리뷰는 하는 게 바람직하다. 명세서도 리뷰를 해보면 점점 익숙해진다. 무엇보다도 명세서는 발명을 표현한 것이다. 발명을 가장 잘 아는 당신이 발명이 잘못 표현되지는 않았는지 명세서를 검토해야 한다. 명세서 초안 검토에 대해 보다 자세한 사항은 뒤에서 다루겠다.

특허 출원 건이 특허 등록되기 전에 심사관의 거절이유를 받는 경우가 대부분이다. 주로 선행문헌과 출원발명과의 기술적 차이점이 이슈가 된다. 변리사가 검토를 하고 최종적으로 대응안을 마련하지만 당신도 당연히 선행문헌을 자세히 분석하며 차이점을 부각할 만한 기술요소가 무엇인지 살펴야 한다. 해당 기술이나 서비스를 가장 잘 아는 당신이 이를 소홀히 해서는 안 된다. 특허 등록 유무와 특허권리범위의 광협이 결정되는 중요한 순간이므로 변리사의 코멘트에만 의존하지 말고 검토하는 게 좋다. 당신의 관심이 권리범위를 대폭 줄여 등록만 시키려는 일부 변리사의 부적절한 행위를 방지할 수 있다.

특허분쟁 관련 심판·소송을 변리사에게 의뢰할 경우에도 끊임없이 관심을 가지고 변리사를 도와야 한다. 변리사가 잘 싸울 수 있도록 변리사를 잘 지원해주어야 한다. 예를 들어 무효 공격을 하는 입장이라면 당신도 무효자료가 될 만한 자료가 더 있는지 찾아야 한다. 변리사가 찾은 무효자료와 당신이 찾은 무효자료가 결합하여 더 강력한 자료가 되기 때문이다. 그리고 이렇게 해야 변리사가 무효자료와 특허를 조목조목 비교해가면서 왜 무효가 되어야 하는지를 더 집중적으로, 더 논리적으로 상세히 풀어나갈 수 있다.

선행특허문헌만이 무효자료가 되는 게 아니다. 논문이나 팸플릿, 신문기사도 무효자료가 될 수 있다. 특허권자가 특허 출원 전 박람회에 제품이나 서비스를 공개한 자료도 경우에 따라 무효자료가 될 수 있다. 무효 공격을 받는 입장이라면 무효자료의 기술 내용을 잘 분석해서 특허와의 차이점을 기술적 관점에서 정리해 변리사를 지원하는 게 좋다.

침해는 권리범위확인심판과 해당 심결취소소송을 통해 다툴 수 있다. 침해를 주장하는 입장이라면 침해혐의자가 침해하고 있다는 증거자료를 찾아야 한다. 이런 증거자료는 기본적으로 당신이 찾아주어야 한다. 침해를 의심해 변리사에게 사건을 의뢰한 것이니 의심 근거를 상세히 제공해야 한다. 변리사는 그런 증거자료를 더 부각시키고 침해 논리를 상세히 정리할 것이다. 또한 침해를 방어하는 입장이라면 당신의 제품이나 서비스가 정확히 어떠한 것인지, 특허와 차이점이 무엇인지 정리해 변리사에게 제공해야 한 다. 그래야 변리사가 비침해 논리를 더 잘 개발할 수 있다.

변리사는 특허와 관련하여 출원·심판·소송을 대리한다. '대리'는 타인의 일을 대신 해준다는 의미다. 결국 변리사가 대리한 행위의 결과는 당신에게 귀속된다. 남의 일도, 변리사의 일도 아니고 결국 당신의 일이다. 변리사에게 맡기면 알아서 다 해준다고 생각하고 관여하지 않는 것은 변리사를 전문가로서 존중하는 게 아니다. 당신의 중요한 사건을 방치하는 것이다.

07

변호사면 변리사가 될 수 있다?

"와, 대단하시네요! 변호사, 변리사 어느 한 가지만 갖기도 어려운 자격증인데, 두 개를 다 가지시다니 정말 대단하세요!"

명함을 받아든 홍길동 사장의 코멘트다. 명함에 '변호사/변리사 ○○○'이라고 적혀 있는 걸 보고 한 말이다. 변호사는 대표적인 문과 계통 전문 자격사이고 변리사는 대표적인 이과 계통 전문 자격사이다. 변리사는 기술을 다루기 때문에 변리사 시험 합격자의 96% 이상이 이공계 출신이다. 그래서 변호사 자격과 변리사 자격은 별개로 취득하는 것으로 아는 이들이 많다. 다시 말해 홍길동 사장처럼 변호사는 사법시험(변호사시험)을 통해 취득하고 변리사는 변리사 시험을 통해 취득하는 것으로 알고들 있다. 반드시 그럴까?

변호사는 변리사 시험에 합격하지 않아도 자동으로 변리사 자격을 받는다. 나는 1995년에 변리사시험을 준비하고 있었는데, 그때 변호사의 변리사 자동자격 부여가 이슈였다. 상식적으로 도저히 이해가 되지 않았다. 하지만 2000년 밀레니엄을 앞두고 그 전에 바뀔 것이라는 믿음으로 변리사 시험을 보기로 했다. 지금은 경쟁률이 20:1 안팎이지만 당시는 100:1 안팎으로 변리사 시험은 인기 절정이었다. 그렇게 높은 경쟁률도 내 믿음에 일조했다. 불합리한 제도가 존속될 가능성이 크다면 그 많은 사람들이 변리사 시험을 볼 리가 없다는 생각이었다. 너무 순진했다.

그 이후 20년 넘도록 변호사의 변리사 자동자격 부여는 지속되었다. 국회 소관 상임위를 계속 통과했지만 번번이 법사위의 허들을 넘지 못했다. 그나마 2016년부터 신규 변호사에게 소정의 실무수습을 마쳐야 부여하는 것으로 바뀌었다. 변리사 시험 합격자 처럼 실무 수습(250시간 집체교육, 6개월 특허사무소 또는 법률사무소 연수)을 마쳐야 한다는 것이다. 실무 수습 요건은 2016년 7월 말 이후 변호사 자격을 취득한 자부터 적용된다. 그 전에 변호사 자격을 취득한 약 2만 명의 변호사는 이미 변리사 자격을 자동으로 부여받았거나, 언제든지 마음만 먹으면 실무 수습 없이 변리사 자격을 자동으로 취득할 수 있었다.

그럼 변리사 중에 변호사 출신은 얼마나 될까? 2017년 10월 1일 기준으로 특허청에 등록된 변리사는 총 9,245명이다. 이 중 변리사 시험 출신이 3,064명이고, 변호사 출신이 5,570명이다. 대한변리사회에 개업 신고한 변리사 기준으로는 변리사 시험 출신이 2,473명, 변호사 출신이 605명이다.

2012년 변호사 양성 시스템이 바뀌어 이때부터 로스쿨을 통해 변호사가 배출되었다. 이후 이공계 출신이 한때 18%인 적도 있었으나 계속 줄어 최근에는 8%로 떨어졌다. 변호사 시험은 필수로 민사법, 형사법, 공법을 선택으로 법 1과목을 치러야 한다. 이 중 선택 과목으로 지적재산권법을 응시한 비율은 얼마나 될까? 이공계 출신은 모두 지적재산권법을 택했을까? 놀랍게도 지난 5년간 변호사 시험 합격자 중 지적재산권법을 선택한 사람은 평균 3.1% 였고, 최근에는 2%에 불과하다. 지적재산권법을 선택한 사람 가운데 비이공계 출신도 있다는 점을 고려하면 이공계 출신 변호사 4명 중 3명 이상 지적재산권법 시험을 보지 않았다.

물론 변리사로 실력을 쌓다가 뒤늦게 사법시험에 합격하거나 로스쿨을 거쳐 변호사 자격을 취득한 경우도 있다. 자동자격 부여나 침해소송대리 제한의 문제점이 법적으로 해결되지 않자 변신을 시도한 것이다. 또 로스쿨 변호사 출신으로 특허 출원 실무부터 제대로 익히려고 특허사무소에 입사해 변리사와 똑같이 오랫동안 활동하는 이들도 있다. 특허 출원 실무를 익힐 수 있는 법률사무소가 사실상 없기 때문이다. 이런 사람들은 실무 경험 없이 변리사 자격을 자동으로 부여받은 이들과 구별되어야 한다.

변호사와 변리사의 관계는 민감한 이슈다. 제3자 입장에서는 가진 자끼리 밥그릇 싸움한다고 볼 수도 있다. 변호사 출신 변리사는 특허 업무에 비전문가이니 무조건 배제하라는 게 아니다. 누구를 선택하든 소비자인 당신이 홍길동 사장처럼 무지한 상태에서 선택하지 말고 정확히 실상을 알고서 선택하라는 것이다.

변리사는 다 거기서 거기가 아니다

변리사가 지식재산 최고의 전문가로 알려지다 보니 저작권에 대해서도 변리사에게 묻는 경우가 있다. 그러나 엄밀히 얘기하면 저작권은 변리사의 전문 영역이 아니다. 변리사는 지식재산권 중에서도 특허, 실용신안, 디자인, 상표와 같은 산업 재산권을 전문적으로 다룬다. 그렇다면 변리사는 산업재산권과 관련된 이슈에 대해 모두 전문적인 지식과 경험을 가지고 있을까? 그렇지는 않다. 단지 몇 년의 경험으로 모든 것을 알 수 있는 업무가 결코 아니기 때문이다.

출원 업무도 종류가 다양하다

출원 업무는 변리사의 가장 기본적인 업무다. 특허권을 활용해 분쟁을 하든지, 거래를 하든지, 라이선싱을 하든지, 대출을 받든지 이런 특허권은 기본적으로 특허 출원을 통해 확보되기 때문이다.

변리사 시험에 합격하면 1년간 수습 과정(2017년부터 6개월 여로 줄었다)을 거치는데 대부분의 업무가 출원 실무를 익히는 것이다. 수습과정을 마친 후에도 가장 비중 있는 업무는 출원 업무다. 출원에서 등록까지 통상 1년 전후 소요되고, 해외 출원까지 하면 등록까지 2~3년 전후 소요되는 점을 고려하면 최소 3년 이상의 경력이 돼야 출원 업무를 한 사이클 경험해봤다고 할 수 있다. 더군다나 특허 출원 건들이 특허청 단계에서 등록되지 않고 불복을 통해 심판원이나 법원까지 진행되면 수년의 시간이 더 걸리게 된다.

또한 사건마다 다양한 특색이 있으므로 다양한 사건들을 경험해봐야 어느 정도 내공을 쌓을 수 있다. 이런 점에서 개인별 능력 차이는 있겠지만 불과 몇 년의 경험으로 모든 것을 통달한 척하는 변리사는 위험하다. 상당한 기간 경험이 많은 변리사의 리뷰가 이루어지는 곳이 바람직하다.

출원 업무는 클라이언트가 국내 기업인지 해외 기업인지에 따라 매우 상이하다. 예를 들어 미국 기업이 클라이언트라면 변리사는 영어로 작성된 명세서를 한글로 번역해 특허청에 출원하고 팔로우업하게 된다. 당연히 이런 '인커밍 사건'만을 다룬 변리사는 발명 아이디어에 기초해 창작 수준의 명세서를 작성하는 업무를 경험한 적이 없다. 또한 국내 출원을 기초로 미국이나 중국 등 해외에 출원 하는 사건(업계에서는 '아웃고잉(outgoing) 사건'이라고 한다)도 경험한 적이 없다. 물론 인커밍 사건을 오래 처리한 경험으로 국내 출원과 아웃고잉 출원 업무를 빠르게 익힐 수도 있으나 같은 기간 국내 출원과 아웃고잉 출원 위주로 업무를 수행한 변리사와는 내공 차이가 날 수밖에 없다. 따라서 변리사가 어떤 종류의 출원 업무를 주로 경험했는지 파악하고 의뢰하는 것이 바람직하다.

풍부한 특허분쟁 경험을 갖기는 쉽지 않다

특허분쟁은 일반적으로 심판이나 소송 절차를 통해 해결한다. 특허사무소는 이러한 분쟁 관련 업무를 수년간 특허 출원 업무로 내공이 다져진 변리사에게 할당한다. 수많은 특허 중에서 극히 일부가 분쟁 대상이 되고, 특허분쟁에 회사의 명운이 달라질 수 있기 때문이다. 변리사는 분쟁 관련 사건들을 다룸으로써 책에서나 보던 분쟁 관련 이슈를 실제로 체득하게 되고 특허분쟁 전문성을 갖게 된다. 또한 출원 업무 내공도 크게 발전하게 된다. 막연히 출원하여 등록시키던 특허가 분쟁에서 실제로 어떻게 활용되고 문구 하나하나가 어떻게 이슈화될 수 있는지 경험하면서, 이를 다시 좋은 특허를 만드는 데 피드백할 수 있기 때문이다.

그러나 아쉽게도 분쟁 사건을 많이 경험한 변리사를 찾기란 쉽지 않다. 분쟁 사건 처리 경험이 없거나, 있더라도 손으로 꼽을 정도로 경험한 경우가 대부분이다. 특허분쟁 사건을 많이 경험하기에는 변리사 대비 특허분쟁 사건이 많지도 않고, 그마저도 일부 법인에 편중되기 때문이다. 특히 변리사가 직접 수행할 수 없는 침해금지 및 손해배상 민사소송의 경우 대형 로펌이나 전문 부띠크 로펌에서 주요 사건을 거의 독식하고 있다. 따라서 이런 로펌 소속으로 변호사와 함께 일해본 소수의 변리사를 제외하고는 관련 경험을 충분히 가진 경우가 드물다.

전관이 의미가 있을까?

변호사 업계에 비해 변리사 업계는 전관이 무색하지 않나 싶다. 전관 변호사는 사법시험(변호사시험)을 통과하여 연수를 마친 자 중에서 판검사로 선발돼 일하다가 변호사 업계로 온다. 판검사 선호도와 복잡한 재판 실무를 고려할 때 곧바로 변호사 업계로 뛰어든 변호사에 비해 실력이 뛰어난 경우가 많다.

반면에 전관 변리사는 변리사 시험 출신이 아니다. 다시 말해서 변리사 시험을 통과하여 연수를 마친 자 중에서 특허청 심사관이나 심판관으로 선발돼 일하다가 변리사 업계로 오는 경우가 아니다. 과거엔 기술·행정 고시 출신이거나 박사특채, 또는 7·9급 공무원 시험 출신으로 승진 후 특허청 심사관 등으로 일정 기간 근무하면 자동으로 변리사 자격을 받았다. 지금은 시험을 일부 치러야 한다. 물론 심사관 출신 변리사 중에서도 발군의 실력을 보여주는 이들이 많이 있다. 심판관 출신 변리사 중에서도 오랜 경험을 기초로 상당한 역량을 발휘하는 이들도 꽤 있다.

그렇다면 특허 분야에도 전관예우가 있을까? 심사관 출신 변리사라고 특별히 특허 등록률이 높지 않은 것을 보면 전관예우는 없는 듯하다. 다만 갓 퇴직한 심판관 출신 변리사에게 고액 수임료의 심판 사건이 좀 몰리는 걸 보면 전관예우가 약간은 있지 않나 생각한다. 51:49로 판단이 애매모호한 심판 사건에서 전관 변리사가 영향을 줄 수도 있겠다. 그러나 전관 변리사가 개입한다고 엉터리 심결을 내릴 정도로 특허심판원이 문제가 있다고 생각하지는 않는다. 더군다나 1심 성격인 특허심판원에서 이겼다고 하더라도 2심 성격인 특허법원에서 또 다투어야 하는데, 2심 법원 판결에서 심판관 출신에게 무슨 전관예우를 기대할 수 있을까? 전관예우라는 허상에 사로잡혀 있다면 이제는 특허법원 판사 출신 전관을 선임해야 할 것이다.

이와 관련해 경험 하나를 소개한다. 어느 중소기업의 특허소송을 담당한 적이 있었다. 그런데 그 기업이 필자외에 특허법원 부장판사 출신의 전관 변호사도 선임했다. 기업 입장에서는 돈을 떠나 어떻게든 이겨야 하는 사건이기에 충분히 이해할 수 있었다. 특허 법원 재판장 앞에서 나와 상대방 소송 대리인의 혈투가 끝난 뒤였다. 그 전관 변호사가 일어나더니 한 말씀을 하셨다. 나는 사족이라고 생각했지만, 그는 클라이언트도 참석한 상황에서 자신의 능력을 보여주고 싶었을 것이다. 아니나 다를까, 쓸데없는 소리나 한다면서 재판장이 심하게 전관 변호사를 꾸짖었다. 그런 경우를 처음 봤다. 물론 사건은 이겼다. 하지만 과연 전관예우 때문에 이겼을까?

전관 변리사든 전관 변호사든 전관예우는 클라이언트의 불안한 마음에 기생한 거품이 아닐까 생각한다. 전관에게 줄 수임료의 절반만 담당 변리사에게 더 줘도 아마 그 변리사는 미친듯이 일할 것이다. 그러면 전관을 쓰는 것보다 승소 가능성이 더 높아질 것이다.

02
업종 관련 전문 변리사

변리사가 특허·상표·실용신안·디자인 등 지식재산권 분야의 최고 전문가이긴 하지만 그렇다고 해서 지식재산권에 대해 거의 다 아는 것은 아니다. 마치 의사들이 의학 모든 분야에 대해 골고루 잘 알지 못하는 것과 같다. 의사들은 내과, 외과, 정신과 등 각 분야 전문의 제도를 통해 특화되어 있다. 물론 의사처럼 공식적인 전문 변리사 제도가 있는 것은 아니지만 변리사도 백그라운드에 따라 나름 전문 분야가 있다.

특허와 실용신안은 기술적 난이도와 보호 대상에 약간의 차이만 있을 뿐 기술을 다룬다는 점에서 사실상 같다. 따라서 특허와 실용 신안을 잘 다루기 위해서는 기본적으로 기술적인 이해도가 매우 중요하다. 대부분의 발명은 기업에서 상당한 내공을 가진 연구원들에 의해 이루어지며, 기술 수준은 해가 갈수록 높아지고 있다. 각고의 노력 끝에 나온 발명을 다루려면 당연히 연구원과 비슷한 수준의 기술적인 이해도가 필요하다. 이런 점에서 이공계 출신이 아닌 변리사는 특허와 실용신안 건들을 다루기가 어렵다. 변리사 합격자 거의가 이공계 출신인 것도 이와 깊은 관련이 있다.

그렇다면 이공계 출신 변리사라고 모든 발명을 다룰 수 있을까? 그렇지는 않다. 기술 분야는 크게 전기·전자 분야, 기계·재료 분야, 화학·바이오 분야로 나눌 수 있는데, 변리사는 일반적으로 자기 학부 전공에 따라 해당 기술 분야의 특허를 다룬다. 어느 정도 규모 있는 특허사무소라면 부서 자체가 아예 기술 분야에 따라 나누어져 있고, 변리사는 자기 학부 전공에 따라 배치되어 실무를 처리한다. 즉 전자공학과 출신 변리사는 전기·전자 부서 소속으로 전기·전자 범주에 속하는 특허 건들을 처리하고, 화학과 출신 변리사는 화학·바이오 부서 소속으로 화학·바이오 범주에 속하는 특허 건들을 처리한다. 그만큼 특허라는 것이 고도의 기술을 다루기 때문이다. 따라서 전기·전자 건들을 주로 다루던 전자공학과 출신 변리사가 화학·바이오 건을 다루기는 어지간해서는 어렵다. 마찬가지로 화학·바이오 건들을 주로 다루던 화학과 출신 변리사가 전기·전자 건들을 다루기는 어렵다. 다만 전기·전자 변리사가 복잡하지 않은 기계·재료 사건을 다루거나, 기계·재료 변리사가 간단한 전기·전자 사건을 다루는 경우는 좀 있는 편이다. 또한 경험이 많이 쌓임에 따라 다루는 기술 영역이 넓어지기도 한다.

특허 업무는 전기·전자 분야의 수요가 많다. 그러다보니 화학·바이오 전공 변리사가 편입이나 야간 산업대학원을 거쳐 전기·전자 분야의 업무를 다루는 경우도 있다. 이런 경우 개인차가 워낙 커서 전기·전자 분야의 전문성에 대해 일률적으로 말하기는 어려울 듯하다.

따라서 자신의 업종이 어느 기술 분야에 속하는지 잘 따져서 그 분야의 전문 변리사에게 사건을 의뢰하는 것이 바람직하다. 다만 기술보다는 영업방법이 핵심인 발명이 있다. 그런데 영업방법 발명은 기술적으로 이해하기 어려운 것이 아니어서 전문분야에 상관없이 다룰 수 있는 것으로 생각하기 쉽다. 그러나 BM 발명은 기본적으로 서버와 클라이언트 단말기(스마트폰이나 PC 등) 구조에 기반을 두고 있다. 또한 BM 발명은 기술기반 발명에 비해 특유한 이슈들이 있으므로 이를 전문적으로 다루는 변리사가 처리하는 게 바람직하다. 일반적으로는 전기·전자 분야 변리사들이 다룬다.

그리고 상표나 디자인은 특허나 실용신안처럼 지식재산권 범주에 들어가지만 기술과는 상관이 없다. 스마트폰 브랜드인 '갤럭시 S8'이나 자동차 브랜드인 '제네시스'와 같은 상표를 이해하기 위해 기술적 백그라운드가 필요하지는 않을 것이다. 모서리가 라운드 형태인 아이폰 외관과 같은 디자인 역시 마찬가지다. 그래서 상표나 디자인은 이공계 출신 변리사, 비이공계 출신 변리사 구분 없이 모두 다룬다. 다만 상표는 다양한 법적 논리가 필요한 부분이어서 비이공계 출신 변리사들이 상표에 특화하여 경쟁력을 확보하기도 한다. 상표 건이 자주 발생하는 업종의 사업자라면 이런 변리사나 특허사무소를 이용하는 것도 괜찮다.

03
전문성만 있으면 될까?

변리사는 전문 자격사인 만큼 무엇보다도 전문성을 갖추어야 한다. 전문성은 변리사의 가장 중요한 덕목이자 기본적인 덕목이기 때문이다. 그렇다면 전문성만 있으면 되고 다른 것은 필요가 없을까?

우리는 의료 사고 뉴스를 심심치 않게 접한다. 의료 사고는 어떤 의사들이 낼까? 전문성이 부족한 의사였을까? 전문성이 부족해서 발생한 사고였다면 초짜 의사들이 많이 낼 것이다. 그런데 가만히 살펴보면 반드시 그렇지 않다. 나름 경력이 있고 전문성에 문제가 없어 보이는 의사들이 의료 사고를 낸다. 의사도 사람이다 보니 실수를 할 수 있다. 오진 등 작은 실수야 부지기수다. 문제는 큰 실수다. 수술을 하고 나서 가위를 그대로 둔 채 봉합을 했다느니 왼쪽 다리가 문제인데 오른쪽 다리를 수술했다느니 하는 뉴스를 보면 과연 전문성이 부족해서 발생한 사건일까 하는 생각이 든다. 사람들은 그런 뉴스를 접하면 '이런 정신 나간 사람이 있나' 하고 생각한다. 그렇다. 전문성이 없는 게 아니라 순간적으로 정신이 나간 것이다. 이런 사고는 꼼꼼함과 성실함이 부족해서 발생한다.

변리사도 마찬가지다. 나름 경력 있는 변리사가 심사관의 거절 이유에 잘 대응하여 등록시킬 수 있는 사건인데도 어설프게 분석하여 포기토록 유도하는 경우가 있다. 굳이 권리범위를 좁히지 않고도 반론을 펼쳐 특허로 등록할 수 있는 사건인데도 차이점을 찾아 주장하는 게 귀찮아서 권리범위를 대폭 줄이고 특허 등록하는 경우도 있다. 또 비침해 주장을 할 만한 거리를 충분히 찾을 수 있는 분쟁 사건인데도 대충 마무리하는 경우도 있다.

전문가가 하는 일이 중요하지 않은 경우야 없겠지만 특히 신경을 집중해야 할 순간이 있다. 어제 부부 싸움을 심하게 한 상황이든, 대박난다는 친구 말에 빚을 내어 투자한 주식이 휴지 조각이 된 상황이든, 어젯밤 간만에 너무 취해서 머리가 깨질 것 같은 상황이든 어떤 상황에서도 사건을 꼼꼼하게 처리하는 성실함이 있어야 한다. 사고는 전문성이 부족할 때만 발생하는 게 아니다. 꼼꼼하게 처리하는 성실함이 몸에 배어 있지 않으면 사고라는 괴물은 언제든지 튀어나올 수 있다. 단지 특허 업무 특성상 그것이 사고인지 잘 알아채지 못할 따름이다.

한편, 통상적으로 일을 처리해주는 그 이상의 것은 책임감에서 기대할 수 있다. 이 책임감은 단지 맡은 일을 성실히 하겠다는 정도의 책임감이 아니다. 그 정도의 책임감은 누구나 가지고 있다. 여기서 말하는 책임감이란 클라이언트의 어려움에 진심으로 공감하며 자신의 일처럼 어떻게든 해결하려는 강한 책임감을 말하는 것이다. 방송 관련 사업을 하다가 특허침해 가처분 결정으로 사업이 중지된 P사장님의 사건을 맡은 적이 있다. 변호사와 한팀으로 사건을 처리했는데 자주 찾아왔다. 사실상 유일한 사업 아이템인데 사업이 중지되어 별로 할 일이 없었을 것이다. 클라이언트가 전문가에게 사건을 맡기고 방치하는 것도 바람직하지 않지만 너무 자주 찾아오니 변호사는 다른 핑계로 미팅에 슬쩍 빠지는 경우가 많았다. 분쟁사건은 오랜 시간에 걸쳐 진행된다. 그래서 업데이트 사항이 그리 자주 있지 않다. 그런데도 자주 찾아와서 그동안 업데이트 사항은 있는지 묻고 넋두리까지 하니 솔직히 부담되었다. 그러면서도 한편으론 그 심정이 어떨까 하는 생각마저 들었다. 40대 가장으로, 그리고 사장으로서 가족과 직원을 먹여 살려야 한다는 책임감의 무게. 그분은 조그마한 사업체를 운영하면서 고생하다가 겨우 사업이 자리를 잡아가는 상황이었다. 그러다가 상장사로부터 특허침해 분쟁에 휘말렸고, 지인의 소개로 변호사를 만났다고 한다. 하지만 일반 민·형사 전문인 변호사의 미숙함으로 인해 제대로 된 반론도 펴지 못하고 일방적으로 당했다고 한다. 결국 폐업까지 고민하고 있던 상황이었다.

가처분 결정에 대한 대응과 병행하여 특허심판원에 무효심판과 권리범위확인심판을 제기했다. 좀 더 강력한 무효자료를 찾기 위해 여러 밤을 지새웠다. 무효자료를 찾는 것은 어찌 보면 정성이 중요하다. 보통 키워드로 무효자료를 검색하고 끝내지만 연관된 특허를 계속 따라가다 보면 키워드로는 도저히 찾을 수 없는 자료들을 찾아낼 수 있다. 그렇게 무효자료를 찾으면서 비침해 논리도 보강했다. 서면을 수차례 정성들여 제출하고 구술심리에 임했다. 심판관 앞에서 쌍방이 공방을 하는 것이다. 통상 한 시간이면 끝나는데 두 시간가량의 대혈투를 벌였다. 사건이라는 게 이길 수도 있고 질 수도 있다. 하지만 내가 진다면 그 누구도 질 수밖에 없는 사건이라는 생각으로 전력을 다했다.

구술심리가 끝나고 나오자 P사장님이 악수를 청했다. 그러고는 진지한 말투로 이제 폐업하더라도 여한이 없다고 했다. 그동안 패소했다는 것보다는 제대로 의사전달이 안 된 것 같아 항상 억울한 마음이 있었는데 이제는 속이 다 시원하다는 것이었다. 수시로 찾아와서 어떻게든 이겨서 사업을 재개해야 한다며 귀찮게 하던 분이 그런 말을 해서 크게 놀랐다. 다행히 이 사건은 잘 마무리됐다. 사업 철수와 손해배상까지 주장하던 특허권자가 오히려 사건을 취하하고 서로 협력관계를 갖자고 긴급 제안을 한 것이다. 그리고 사업중지로 입었던 피해도 회복할 수 있었다. 얼마 후 그분은 나를 찾아와 활짝 웃으며 고맙다는 말과 함께 금일봉을 내밀었다.

써놓고 보니 자화자찬 같아 쑥스럽다. 요지는 클라이언트의 어려움에 진심으로 공감하며 자신의 일처럼 어떻게든 해결하려는 책임감을 가진 변리사를 찾아보라는 것이다.

04

변리사를 만날 수 없는 사무소는 위험하다

　　사람을 뽑으면서 면접을 하지 않는 경우는 없다. 비록 20~30분의 짧은 시간이더라도 직접 만나 얘기를 하면서 이력서만으로는 알 수 없는 다양한 점들을 파악한다. 실제 면접을 하다 보면 이력서 경력이 과장되었거나 인성에 문제가 있다는 것 등을 알 수 있다. 물론 면접을 거쳐도 사람을 잘못 뽑아 낭패를 겪기도 한다. 그러나 면접 없이 서류만으로 뽑을 때보다는 사람을 잘 뽑을 확률이 훨씬 높다.

　　비즈니스도 마찬가지다. 아무리 온라인 시대라도 중요한 비즈니스일수록 상대방을 일단 만나서 얘기를 나눈다. 한 번도 만나지 않고 메일이나 전화통화로 비즈니스를 진행하지는 않는다. 만나서 얘기를 나누면서 상대방이 신뢰할 만한 사람인지, 역량 있는 회사인지, 서로 호흡이 맞는지를 파악한다.

　　마찬가지로 특허 서비스를 받으려면 변리사를 직접 만나봐야 한다. 변리사를 직접 만나 발명에 대해 얘기를 나누다 보면 변리사의 발명이해 능력을 알 수 있다. 특히 소송 이슈라면 반드시 변리사를 만나고 관련 경험이 얼마나 풍부한지 확인해야 한다. 만나서 얘기를 나눠보면 경험이나 경력 확인뿐만 아니라 얼마나 진지하게 사건에 관심을 가지고 임할 것 같은지도 감을 잡을 수 있다. 그러니 처음에는 변리사를 반드시 만나서 얘기를 나누기를 권한다.

문제는 변리사를 만날 수 없는 경우다. 물론 사전에 약속을 하지 않으면 만나지 못할 수도 있다. 그러나 이 핑계 저 핑계를 대면서 변리사는 나타나지 않고 직원만 나타난다면 명의대여 특허사무소일 가능성을 의심해봐야 한다. 어느 전문 직종이나 이런 명의대여 사무소들이 독버섯처럼 자라고 있다. 변리사 자격도 없이 특허사무소에서 명세서 좀 작성해본 경험으로 실제로 활동하지 않는 변리사의 자격증을 대여해 특허사무소를 운영한다. 당연히 명세서의 질은 형편없고 특허 등록이 되더라도 쓸모없는 경우가 대부분이다.

무자격자를 통해 특허 서비스를 받던 중 문제가 발생했다는 신고는 대한변리사회에 끊임없이 들어온다. 어느 무자격자는 무려 1,000여 건의 특허 출원을 진행하다 신고를 당했다. 김대중 정부 이후 전문 자격사가 대폭 늘었다. 변호사, 회계사, 세무사와 마찬가지로 변리사도 그 수가 대폭 늘었다. 변리사는 바빠서 만나기 어렵다면서 싼 값에 유혹한다면 명의대여 특허사무소일 가능성이 매우 높다는 점을 염두에 두어야 한다. 물론 속이는 사람이 나쁘다. 하지만 속는 사람도 조금만 주의를 기울이면 걸려들지 않는다.

변리사를 만날 때는 가급적 특허사무소를 방문하는 게 좋다. 사무소 홈페이지에 소개된 대로 규모가 되는지, 사무실 분위기는 어떤지 감을 잡을 수 있기 때문이다. 클라이언트의 특허사무소 방문을 거부하면서 클라이언트 사무실에서 보자고 하는 변리사들이 있다. 클라이언트의 편의를 위해 선의에서 그럴 수 있다. 그러나 사무소가 지나치게 누추하거나 경영 상태가 좋지 않을 가능성도 염두에 두어야 한다. 크게 망하지 않을 따름이지 변리사도 망하는 시대다. 자칫 당신의 중요한 사건이 붕 떠버릴 수 있으니 주의할 필요가 있다.

커뮤니케이션, 신뢰의 문제다

최근에 인상적으로 본 병원 광고가 있다. 환자에게 설명을 가장 잘해주는 병원, 참 인상적이었다. 과거에 비하면 의사가 환자에게 친절히 설명해주는 편이지만 아직도 그렇지 않은 경우가 많다. 특히 대학병원처럼 큰 병원일수록 심하다. 용기를 내어 물으면 잘해야 간단한 대답만 돌아온다. 오죽하면 환자에게 설명을 잘해준다는 광고를 할까?

클라이언트가 변호사와 상담을 하면 호통을 듣는다고 하소연하던 시절이 있었다. 전관 변호사인 경우가 특히 심했는데, 지금은 이런 경우가 드물다. 전문직도 서비스 업종인 만큼 전문직 풍년시대에 예전처럼 권위의식을 가진 사람은 살아남기 힘들다.

그런데 클라이언트 입장에서는 변리사든 변호사든 전문 자격사와 미팅을 하려고 하면 마음이 그리 편치는 않은 듯하다. 이런 것도 물어도 되는지, 너무 당연한 것을 묻는 건 아닌지 하는 생각이

들고, 미팅이 끝나면 미처 묻지 못한 것 때문에 아쉽기만 하다.

하지만 마음 편하게 만나라고 말하고 싶다. 일반인이 전문 자격사보다 전문지식이 부족한 것은 당연하다. 잘 모른다고 부담을 느낄 이유가 전혀 없다. 물론 이 책을 읽은 독자라면 이미 상당한 전문지식을 갖췄으므로 변리사와의 대화에 전혀 부족함을 느끼지 못할 것이다.

그런데 묻는 질문에 마지못해 간단히 답변할 뿐 소극적으로 미팅에 임하는 변리사는 선임을 다시 한번 생각해 봐야 한다. 사건에 대해 진정한 관심도 없이 최소한의 수준으로 형식적으로 처리할 가능성이 높기 때문이다.

예를 들어 특허 출원 상담을 하는데 클라이언트가 설명하는 발명 내용을 간신히 이해하는 정도로 그쳐서는 곤란하다. 클라이언트의 사업이 어떤 것인지 파악한 뒤 발명이 사업에 어떤 의미를 갖는지, 발명이 사업에 잘 부합하고 나중에 특허될 때 사업을 잘 보호할 수 있는지, 그리고 무슨 목적으로 특허 출원을 하는지도 파악해야 한다. 발명도 클라이언트가 생각한 실시 예 하나로는 곤란하고 클라이언트와 논의하며 다양한 변형 예들을 만들어야 한다. 이렇게 커뮤니케이션이 원활하게 진행되어야 그 결과물도 제대로 나올 수 있다.

변리사가 마지못해 질문에만 답하는 경우와 정반대로 장사꾼처럼 말만 앞서는 경우도 조심해야 한다. 사건 수임에만 목말라 있어 일단 수임하고 나면 대충 처리할 수 있기 때문이다.

예를 들어 특허 출원 후 심사가 진행되면 일반적으로 특허청으로부터 의견제출통지서를 받는다. 의견제출통지서에는 거절이유가 적혀 있는데 대리인은 거절이유를 분석하고 대응방안을 마련한 뒤 출원인과 협의하여 진행해야 한다. 기한을 넘기면 자칫 사건이 죽을 수 있기에 커뮤니케이션이 잘 이루어져야 한다. 그런데 대리인이 대응방안을 마련하기는커녕 의견제출통지서가 나온 사실 자체도 출원인에게 제때 알리지 않았다고 한다. 출원인이 기한이 다 돼서야 우연히 알게 됐다는 것이다. 예전에 비해 변리사 업계가 과열되면서 나타나는 현상이다. 전문 자격사를 많이 뽑으면서 가격이 저렴해진 경우도 있지만 반면에 제대로 일을 처리하거나 관리하지 못하면서 일단 수임만 하고 보는 부작용도 생겨났다.

특허사건은 국내 특허 출원이든 해외 특허 출원이든, 분쟁 관련 심판 및 소송 사건이든 대리인과 특허청, 법원 사이에 많은 서류가 오간다. 그래서 특허청과 법원에 대응 서류를 제출하기 전에 발명을 가장 잘 아는 클라이언트의 검토와 확인이 필요하다. 특허 출원만 하더라도 특허의 권리범위에 어떤 변동이 생기는지 클라이언트가 알아야 하기 때문이다. 단순히 등록 여부만 알아야 하는 게 아니다. 그런데 만약 이러한 커뮤니케이션 과정이 전혀 없다가 특허 등록 성사금과 같이 돈을 내야 할 때만 연락을 하는 변리사라면 관계를 지속해야 할지 다시 생각해보기 바란다.

06

첫 만남에서 변리사를
뜨끔하게 하는 질문 4가지

변리사든 변호사든, 세무사든 전문 자격사를 만날 때 잘 모른다며 무시당하지 않을까 염려하는 클라이언트들이 많다. 그러나 전혀 걱정할 필요가 없다. 오히려 몇 가지 질문을 던지는 것만으로도 전문 자격사가 쉽게 대하지 못하고 더 신경을 쓴다. 변리사를 처음 만나거든 다음과 같은 몇 가지 질문을 던져보라. 변리사가 바짝 긴장하며 사건에 더 집중할 것이다. 다만 만나서 다짜고짜 이런 질문들을 무조건 던지라는 뜻은 아니니 오해 없기 바란다.

변리사 몇 회예요?

"변리사님은 몇 회예요?"

"50회입니다."

"아, 그럼 6년차쯤 되는군요."

이 질문 하나만으로도 변리사 업계에 대해 상당히 안다는 느낌을 줄 수 있다. 변리사 시험은 1차와 2차(최종)로 나뉘며, 매년 1회씩 치러진다. 최종 합격자 발표는 보통 11월에 하고, 그다음해부터 실무연수를 시작한다. 변리사 시험 50회는 2013년도 합격자이고, 2019년 올해 합격자는 56회이다. 그래서 이 질문만으로도 당신과 상담하는 변리사가 정통 변리사 시험 출신인지, 특허청 공무원 출신인지, 아니면 자동자격을 부여받은 변호사인지 알 수 있다.

변리사 시험 기수와 경력 간의 상관관계를 기억하기 어려우면 그냥 변리사 몇 년차냐고 묻는 것도 괜찮다. 대표 변리사나 파트너 변리사라고 명함에 찍혀 있어도 경력이 수 년차에 불과할 수도 있다. 좀 규모가 있는 특허사무소에서는 베테랑 변리사의 리뷰를 받아야 하는 연차다. 실무 연수 기한이 줄어 이제는 1년도 안 되는 연수만 마쳐도 개업이 가능하므로 대표 변리사라는 직함은 전문성과 경험을 보증하지 않는다. 파트너 변리사도 특허사무소마다 인정하는 경력요건이 천차만별이기에 이 역시 전문성과 경험을 보증하지 않는다. 그러니 과감히 몇 년차인지 물어보라.

변리사님이 책임지고 관리해주는 거죠?

대기업처럼 큰 클라이언트야 변리사가 악착같이 관리하고 신경 쓰지만 1년에 한두 건 출원하는 클라이언트까지 일일이 신경 쓰기는 쉽지 않다. 그래서 베테랑 변리사가 상담했더라도 실제 일은 주니어 변리사나 명세사에게 맡기고 리뷰조차 하지 않는 경우도 있다. 베테랑 변리사가 명세서를 직접 작성하기도 하지만 조그만 특허사무소가 아니고서는 사무소 운영 관점에서 쉽지 않다. 변호사도 시스템이 잘 갖추어진 로펌의 경우 파트너급 변호사가 직접 서면을 작성하는 경우는 드물다. 다만 파트너급 변호사가 주니어 변호사들이 작성한 서면을 반드시 리뷰한다. 판사 출신 주니어 변호사가 작성한 서면도 예외 없이 리뷰를 한다.

변리사도 마찬가지로 베테랑 변리사가 리뷰를 하고 안 하고는 질적으로 큰 차이가 난다. 특히 명세사가 명세서 초안을 작성한 경우에는 더더욱 그렇다. 초안 작성 및 리뷰라는 2단계 시스템은 베테랑 변리사가 단독으로 처리하는 것보다 질이 더 좋을 수도 있다. 어쨌거나 베테랑 변리사가 직접 처리하든 리뷰를 하든 "변리사님이 책임지고 관리해주는 거죠?"라는 질문을 던져보라. 뱉은 말에 무의식적으로 책임감이 작용하기 때문에 사건에 대해 더 신경 쓰려고 할 것이다.

명세사인가요, 변리사인가요?

명세사는 특허사무소에서 명세서 초안 작성을 주로 하는 직원이다. 특허사무소에서는 업무특성상 다른 전문 자격사 사무소에 비해 사무장이나 실장이란 표현은 잘 쓰지 않는다. 예전에 비해 특허사무소마다 명세사 비율이 줄고 변리사 비율이 높아가는 추세지만 명세사 없이 운영되는 특허사무소는 드문 게 현실이다. 따라서 당신이 상담하는 상대가 변리사가 아니라 명세사일 수 있다. 명세사가 변리사와 함께 미팅을 한다면 상관없지만 변리사 없이 명세사 단독으로 미팅한다면 명의대여 특허사무소일 수도 있으니 조심해야 한다.

그렇지 않다고 하더라도 명세사 입장에서 이런 질문을 듣게 되면 클라이언트가 변리사 수준의 기대를 한다고 느끼므로 아무래도 명세서 초안 작성에 더 신경을 쓰게 된다. 그러니 미팅 상대가 애매모호하다 싶으면 "명세사인가요, 변리사인가요?"라는 질문을 던져보라.

분쟁 건 심판·소송은 많이 해봤나요?

특허심판원과 특허법원에 제기하는 심판·소송이 모두 특허분쟁 사건은 아니다. 특허거절결정에 대해 불복해서 심판을 제기할 수 있는데, 이런 심판 사건(전문용어로 '결정계 사건'이라고 한다)이 특허분쟁으로 제기하는 심판(무효심판이나 권리범위확인심판으로, 전문용어로 '당사자계 사건'이라고 한다)에 비해 두 배가량 된다. 당사자계 사건과 결정계 사건은 진행 패턴이 많이 상이하다. 따라서 분쟁 건의 경우에는 분쟁 건 심판·소송 경험이 매우 중요하다.

특허분쟁은 경고장을 보내고 답변하는 수준에서 마무리될 수도 있지만 심판·소송으로 발전하기도 한다. 그런데 변리사와 미팅을 하다보면 변리사가 교과서 수준의 특허분쟁 관련 지식이나 주변에서 주워들은 것 정도를 적당히 버무려 얘기하더라도 상당한 수준의 지식과 경험이 있는 것으로 보일 수 있다. 하지만 분쟁 관련 심판·소송 경험이 많은 변리사는 찾기가 쉽지 않다. 분쟁 관련 특허 심판은 1년에 1,000건 내외이고, 이 심판결과를 다투는 특허법원 소송건은 1년에 300건 내외에 불과하다(상표 사건 등을 포함하지 않고 특허 사건에 한정한 수치다). 변리사가 수천 명인 점을 감안하면 분쟁 관련 심판·소송을 경험하기가 얼마나 어려운지 알 수 있을 것이다.

그러니 변리사에게 "분쟁 건 심판·소송은 많이 해봤나요?"라는 질문을 던져보라. 웬만한 변리사는 대답에 부담을 느낄 것이다. 그리고 경험이 부족한 변리사가 사건을 맡았다면 그런 티를 내지 않으려고 더 노력할 것이다.

chapter 2
특허, 요만큼만 알아도 잘할 수 있다

특허가 사업에 꼭 필요할까?

"특허가 있다고 사업이 성공하는 건 아니잖아요?"

그렇다. 특허가 있다고 사업이 반드시 성공하지는 않는다. 기획, 기술, 마케팅, 경영자 자질, 조직관리, 회계 및 재무 관리 등 사업 성공의 요소는 많다. 이 중 어느 하나만 있어도 사업 성공이 보장될까? 아니면 이 모두를 갖추었다고 반드시 성공할까? 그렇지 않다. 그렇다고 이 모두를 무시할 것인가? 사업은 성공 확률을 높이기 위한 노력이다. 성공요소들 각각에 충실하다보면 성공 확률이 높아진다. 그럼 이제 특허가 사업에 어떤 도움을 주는지 살펴보자.

경쟁사 견제 측면

"한화큐셀, 미국과 독일에서 특허침해 소송제기"(연합인포맥스,

2019.03.16)

"애플, 퀄컴 특허소송서 1승 1패"(아이뉴스 24, 2019.03.27)

"독일에 이어 일본서도 서울반도체 특허침해 LED 판매 못해"(네이버 뉴스, 2019.02.21)

특허침해소송과 관련하여 2019년 초 보도된 기사 중 일부다. 특허를 보유하면 경쟁사 제품의 생산 및 판매 등을 금지시킬 수 있다. 손해배상도 받을 수 있다. 우리나라 A대학 교수의 반도체 특허는 무려 4억 달러 손해배상 평결을 받았다. 경쟁사에 카피캣(copycat) 이미지를 줄 수도 있다. 소송까지 가지 않더라도 경쟁사가 제품을 모방하는 데 부담을 줄 수 있다. 경쟁사는 회피설계를 하기 위해 연구개발비를 지출해야 하고, 제품 출시 시기가 늦춰지면서 원가도 오를 수 있다. 이처럼 특허를 보유하면 경쟁사를 다양한 형태로 견제할 수 있게 된다.

다른 한편으로 경쟁사가 공격할 경우 보유한 특허로 반격할 수 있다. 그렇지 않으면 방어만 해야 하기 때문에 분쟁을 해결하는 데 어려움이 따른다. 반격할 만한 특허가 있으면 합의로 분쟁을 조기에 종료시킬 수도 있다. 합의금을 주더라도 훨씬 더 낮출 수 있다.

특허는 경쟁사가 함부로 공격하지 못하게 한다. 특허분쟁 억지력을 갖기 때문이다. 특허는 군대와 같다. 동서고금을 막론하고 군대를 유지하지 않는 나라는 없다. 우리나라도 엄청난 예산을 국방비로 사용한다. 그렇다고 군대를 유지하는 것이 전쟁을 위해서가 아니다. 만일의 사태를 대비하는 것이다. 오히려 전쟁을 억지하기 위한 성격이 더 강하다. 지난 60여 년 동안 전쟁이 일어나지 않았으니 그동안 국방비를 괜히 지출했다고 생각하는 사람은 없을 것이다.

그런데 특허에 대한 지출을 아깝게 생각하는 이들이 많다. 특허도 군대와 마찬가지로 좋은 특허를 많이 보유하고 있으면 경쟁사가 쉽게 공격하지 못한다. 경우에 따라서는 국가 간 평화협정처럼 기업 간에도 서로의 특허 포트폴리오를 사용하면서 분쟁을 하지 말자고 공식적으로 계약을 맺기도 한다. 전문용어로 '크로스 라이선스(cross license)'라고 한다. 보유한 특허 포트폴리오가 충분하지 못하면 크로스 라이선스는 불가하다. 일방적으로 맺어지는 굴욕적인 라이선스만 있을 뿐이다.

마케팅 측면

이 책을 쓰기 위해 온라인 서점에서 '특허'를 검색해봤다. 놀랍게도 제일 먼저 뜨는 책이 특허와 전혀 관련 없는 책이었다. 바로 《특허 받은 일본어 한자 암기박사》였다. '특허 받은 ○○○' 식의 광고 마케팅 문구를 우리는 수없이 접한다. 특허 받은 기술은 뛰어난 기술이라는 인식을 소비자에게 주기 때문이다. 비단 일반 소비자뿐만이 아니다. 비즈니스 상대도 특허를 보유하고 있으면 기술력을 높이 평가한다. 특히 국내뿐만 아니라 미국, 유럽 등 해외에서도 특허를 받은 기술이라면 더더욱 신뢰감을 준다. 신뢰감

을 주는 차원을 넘어 필수적으로 해외 특허의 보유를 요구하기도
한다.

자금조달 측면

기술금융의 하나로 우수한 특허를 보유한 기업의 경우 은행대
출을 받기가 더 쉽고 이자율 혜택도 주어진다. 부동산 담보 대출
처럼 특허 담보 대출도 가능하다. 기술보증기금이나 신용보증기
금의 보증을 통해 은행으로부터 자금을 조달할 수도 있다. 벤처
캐피털이나 사모펀드를 통해 투자를 받을 수도 있다. 기술력이
중요한 분야일수록 보유특허가 중요하게 취급된다. 특허는 기술
을 보호하는 수단이자 기술력을 판단할 수 있는 잣대이기 때문이
다. 그리고 특허 전용 펀드만 1년에 1,000억 원 내외 조성되고 있
다. 이를 통해 우수 특허를 보유한 기업은 지분투자만이 아니라
특허 자체에 대해 투자 받는 것도 가능하다.

기타

우수 특허를 보유하면 벤처기업 인증, 기술혁신형 중소기업
인증, 신제품 인증 등에 유리하다. 창업지원금이나 정부과제 선
정에도 유리하다. 특허 매각이나 라이선스를 통해 수익을 발생시
킬 수도 있다. 특허로 가지급금을 해결하거나 절세할 수도 있고,
회사 지분을 확보하고 자본금을 늘릴 수도 있다. 보다 자세한 것

은 뒤에서 다루기로 한다.

이제 특허가 사업에 꼭 필요하다는 생각이 드는가? 그동안 당신은 활용할 만한 우수한 특허를 소유하지 못했거나 특허를 활용하는 방법을 몰랐을 뿐이다.

02

영업비밀과 특허, 무엇으로 보호받을까?

지금은 거의 사라졌지만 벽걸이 TV 중에 PDP(Plasma Display Panel) TV가 있다. 한때 독보적인 대형 TV였지만 시간이 지나면서 LCD(Liquid Crystal Display) TV에 밀린 비운의 기술이다. 이 PDP 기술과 관련하여 2008년에 떠들썩한 사건이 있었다. 당시 언론은 LG전자 고위간부가 1조 원대의 PDP 공장 건설 기술을 빼돌려 중국에 유출했다고 대대적으로 보도했다. 구체적으로 PDP 공장에 설치된 각종 장비의 배치도 등 공장 건축과 생산설비에 관련된 파일 1,182개, 공장 건축설계도면 파일 2,274개 등을 유출했다는 것이다. 그때 나는 변호사와 팀을 이뤄 이 사건에 참여했다. 포승줄에 묶여 있던 피고인의 모습이 눈에 선하다. 무슨 죄목이었을까? 바로 영업 비밀 유출에 따른 '부정경쟁방지 및 영업비밀보호에 관한 법률' 위반이었다.

영업비밀이란 '공공연히 알려지지 않은 독립된 경제적 가치를 가지는 것으로 비밀로 관리된 기술상 또는 경영상의 정보'를 말한다. 120년 넘게 유지된 코카콜라 제조법이 대표적인 영업비밀이다.

영업비밀은 비밀성, 독립된 경제성, 비밀 관리성을 만족시켜야 보호가치가 인정된다. 대충 아무거나 영업비밀로 인정되지는 않는다. 특허는 공개의 대가로 보호되지만 영업비밀은 비밀이 유지되어야만 보호가 된다. 또한 비밀을 유지하기 위해 관리되어야 한다. 군대에 가본 사람은 문서마다 보안등급이 부여되고 아무나 보안문서에 접근할 수 없다는 걸 알 것이다. 이처럼 정보에 접근할 수 있는 사람을 제한하거나 접근방법에 제한을 두는 식으로 관리되어야 영업비밀로 인정받는다.

그렇다면 어떤 기술상 정보를 특허와 영업비밀 중 무엇으로 보호하는 게 유리할까?

특허는 보호기간이 20년이지만 영업비밀은 무제한이다. 그런 점에서 영업비밀이 유리한 것으로 생각할 수 있지만 반드시 그렇지는 않다. 특허는 연차료만 내면 그 가치가 쉽게 유지되지만 영업비밀은 비밀성과 비밀관리성이 부정되는 순간 더 이상 가치가 유지되지 않기 때문이다. 따라서 리버스 엔지니어링(reverse engineering)으로 제3자가 쉽게 알 수 있는 기술상 정보는 영업비밀이 아니라 특허로 보호받아야 한다. 비밀로 철저히 관리할 자신이 없는 기술상 정보 역시 특허로 보호받아야 한다. 기술이 급변하는 시대에 20년 이상 보호할 만한 기술상 정보인지도 따져봐야 한다. 물론 모든 기술상 정보를 특허로 보호받을지 영업비밀로 보호

받을지 선택할 수 없다. 공장 건축 설계도면과 같은 기술상 정보는 특허요건을 고려할 때 특허로 보호받기 어렵다.

영업비밀과 특허에 대한 이 정도의 지식을 가진 상태에서 어떤 기술상 정보를 특허로 보호할지 영업비밀로 보호할지 애매모호할 경우 변리사와 상의하면 된다. 참고로 변리사는 변리사법상 비밀유지 의무가 있다. 따라서 변리사와 별도의 비밀유지 계약서를 체결하지 않아도 영업비밀이 부정되지 않으니 걱정하지 않아도 된다.

특허를 출원하려면 무엇부터 준비할까?

발명을 특허 출원하기 위해서는 몇 가지 서류들을 준비해야 한다. 특허 출원이 처음이라면 출원인 코드도 부여받고 위임장 등을 비롯해 여러 가지 서류를 준비해야 한다. 그러나 이러한 행정적 서류들에 대해서는 몰라도 된다. 특허사무소 행정직원이 아주 친절하게 필요한 서류들을 안내해줄 것이다. 그 안내 메일을 보고 서류를 작성해서 특허사무소에 보내면 된다. 특허 출원을 위해 정말 고민 해야 할 사항은 딱 두 가지다.

첫째, 발명을 간단하게라도 문서로 정리해야 한다.

특허증을 본 적이 있으면 알겠지만 특허는 일종의 문서 형태로 표현된다. 그 문서(전문용어로 '명세서'라고 한다)를 무슨 내용으로 채울지는 변리사와 협의하여 정한다. 어느 나라에서도 특허가 녹음된 음성 파일이나 녹화된 영상 파일 형태로 표현되지 않는다. 글이 가장 명확하기 때문이다. 따라서 특허 출원을 의뢰하기에 앞서 자신의 발명을 스스로 글로 적어봐야 한다.

그런데 특허 출원이 일상화된 기업이나 정부연구기관은 이런 일에 익숙하지만 스타트업이나 조그만 벤처기업은 좀 어려워하거나 귀찮게 여기기도 한다. 문서 정리를 명세서 초안 수준으로 작성하라는 게 아니다. 종래 기술의 문제점이 무엇인지, 이러한 문제점을 해결하기 위해 발명은 어떠한 구성을 갖고 동작하는 것인지 간단한 도면 스케치와 함께 글로 설명하면 된다. 잘 모르겠으면 변리사에게 샘플을 달라고 하면 된다. 명세서 자체는 엄격한 요건을 지켜가며 작성해야 하지만 이는 변리사의 몫이다. 따라서 그런 요건은 생각지 말고 발명을 설명하기만 하면 된다. 자세할수록 좋지만 2~3페이지 정도라도 발명을 적어보기 바란다. 이 문서를 변리사에게 이메일로 미리 보낸 뒤 미팅을 하면 훨씬 효율적이다.

둘째, 발명과 동일하거나 유사한 특허가 이미 있는지 간단하게라도 선행특허조사를 해보라. 특허출원을 의뢰하면 변리사가 간단히 조사를 하지만 그 전에 직접 해보면 더 좋다는 말이다.

시점은 발명을 문서로 정리한 후든 그 전이든 상관없다. 사업 아이템을 선정하기 위해 구글링 등 나름대로 경쟁사의 제품이나 서비스를 조사한다. 동일하거나 유사한 제품, 서비스가 있으면 차별화하는 노력을 한다. 이런 기본적인 조사도 하지 않고 사업을 하는 사람은 없다. 마찬가지다. 발명을 특허 출원하기에 앞서 경쟁사나 제 3자가 동일하거나 유사한 발명을 이미 특허 출원했거나 특허로 보유하고 있는지 조사해야 한다. 특허 자체를 받을 수 없기 때문이다. 특허로 출원되는 발명은 사업의 가장 핵심 기술이나 영업방법이다. 그런 면에서 사업 아이템을 선정하는 단계에서 단지 구글링으로 경쟁사 제품이나 서비스를 조사하는 데 그칠 게 아니라 특허까지 조사하는 것이 바람직하다. 그리고 그 단계에서 특허조사를 하지 못했다 하더라도 특허 출원을 준비할 때는 선행특허조사를 간단하게라도 하는 것이 좋다.

그렇다면 선행특허조사를 어떻게 할까? 민간에서 제공하는 유료 특허검색 툴을 이용하면 보다 편리하게 할 수 있지만 특허청이 무료로 제공하는 특허검색 툴을 이용해도 충분하다. 그럼 간단히 살펴보자.

먼저 키프리스 사이트(http://www.kipris.or.kr/khome/main.jsp)에 접속한다. 좌측 상단의 '특허·실용신안'을 클릭한 후 중앙 상단의 '항목별 검색'을 클릭한다. 그러면 다음과 같은 화면이 뜨는데

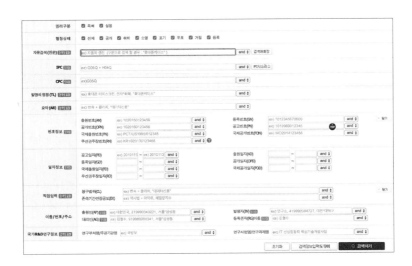

이것저것 여러 개 항목들이 보인다. 다양한 검색 테크닉들이 있지만 출원 준비 단계이니 다른 것 다 무시하고 '발명의 명칭' 란에 발명 키워드 조합을 입력해 검색한다. 그러면 발명의 명칭 중에서 해당 키워드가 포함된 모든 특허들이 검색되는데, 이를 하나씩 검토한다.

주의할 점은, 동일하거나 유사한 특허라도 발명의 명칭에 다른 용어를 사용하면 검색되지 않을 위험성이 있다. 따라서 '초록' 란에 발명 키워드 조합을 입력하여 검색하면 이런 위험성을 줄일 수 있다. 그리고 더 넓게 검색하려면 '청구범위' 란에 발명 키워드 조합을 입력하여 검색하면 된다. 또 이보다 더 넓게 검색하려면 '자유검색(전문)'을 이용하면 되는데, 이 방법은 거의 권장하지 않는다. 찾고자 하는 특허와 전혀 상관없는 노이즈가 너무 많이 발생하기 때문이다. 만약 척 보기에도 동일한 발명이 이미 출원되어 있다면 기존 발명을 폐기하고 개량해야 한다. 애매모호하다 싶으면 변리사와 상의하길 바란다.

정리하면, 특허 출원을 의뢰하려면 선행특허조사를 간단히 해보고 발명을 글로 정리해 변리사에게 메일로 보낸 후 미팅을 하라는 것이다. 행정서류들은 기억할 필요 없이 특허사무소 행정직원이 안내하는 대로 준비하면 된다.

특허를 받기 위한 요건은 무엇일까?

특허를 받으려면 만족시켜야 하는 요건들이 여럿 있다. 이 요건들은 생각보다 애매모호하니, 대충 이런 요건들이 있다는 정도로 훑어 보자. 실제로 특허 출원할 발명이 생겼다면 직접 특허요건을 판단하기보다는 변리사와 상의하기 바란다.

발명으로 성립해야 한다

발명은 '자연법칙을 이용한 기술적 사상의 창작으로서 고도한 것'이다. 따라서 에너지 보존의 법칙과 같은 자연법칙은 발명에 해당하지 않는다. 영구기관처럼 자연법칙에 위배되는 것도 마찬가지다. 새로운 경제법칙이나 수학 공식도 자연법칙을 이용하지 않은 것으로 보기에 발명이 아니다. 컴퓨터 프로그램 자체도 발명으로 취급하지 않고, 미완성 발명도 당연히 발명에 해당하지 않는다.

그러나 애매모호하지만 발명에 해당하는 경우가 있다. 예를 들어 알파벳, 숫자, 기호 등을 조합하여 암호를 작성하는 방법은 발명에 해당한다. 컴퓨터 프로그램에 의한 정보처리가 하드웨어를 이용해 구체적으로 실현되는 경우 해당 프로그램과 연동해 작동하는 정보처리장치는 어떨까? 발명에 해당한다. 컴퓨터로 읽을 수 있는 매체에 저장된 컴퓨터 프로그램은 어떨까? 발명에 해당하지는 않았지만 법개정으로 2014년 7월 1일부터 발명으로 본다.

산업상 이용할 수 있어야 한다

인간을 수술하거나 치료하거나 진단하는 방법, 즉 의료행위는 산업상 이용할 수 있는 발명에 해당하지 않는다. 그러나 인간을 수술하거나 치료하거나 진단하는 데 사용하기 위한 의료기기와 의약품 그 자체는 산업상 이용할 수 있는 발명에 해당한다. 의료기기의 작동방법이나 의료기기를 이용한 측정방법도 의료행위를 포함하지 않는다면 산업상 이용할 수 있는 발명에 해당한다. 인간 이외의 동물을 수술하거나 치료하거나 진단하는 방법도 산업상 이용할 수 있는 발명으로 취급한다.

새로운 것이어야 한다

전문용어로 '신규성'을 갖추어야 한다. '신규 모델', '신규 상품'이라고 할 때의 그 신규를 말한다. 특허 출원 전에 국내 또는 국외에서 이미 알려진 발명은 특허를 받을 수 없다. 비밀유지 의무가 없는 불특정인에게 공장을 견학시켰는데 통상의 기술자가 그 제조 상황을 보면 그 기술을 충분히 알 수 있는 경우 이미 알려진 것으로 본다. 특허 출원 전에 반포된 특허문헌뿐만 아니라 책, 논문, 잡지, 신문, 매뉴얼, 세미나 발표 문서에 게재된 경우도 이미 알려진 것으로 본다. 제품이나 서비스가 출시되거나 인터넷을 통해 발명이 공개된 경우에도 이미 알려진 것으로 본다.

공개된 자료로부터 쉽게 발명할 수 없어야 한다

전문용어로 '진보성'을 갖추어야 한다. '보수 vs 진보'라고 할 때의 그 진보를 말한다. 공개된 자료와 동일한 것은 신규성 요건 때문에 특허를 받을 수 없고, 설사 공개된 자료와 다르더라도 그 공개 자료를 통해 통상의 기술자가 쉽게 발명할 수 있다면 특허를 받을 수 없다. 신규성은 한 개의 선행문헌만을 기초로 판단하지만 진보성은 여러 개의 선행문헌을 결합하여 판단할 수 있다. 따라서 특허가 거절되거나 무효가 되는 이유의 대부분을 차지한다.

쉽게 발명할 수 있는 것인지 아닌지는 그 기준이 모호하다. 최대한 객관적으로 판단할 수 있도록 하는 법리가 있지만 말 그대로 판단의 영역이기에 애매모호한 부분이 있을 수밖에 없다. 동일한 자료와 발명을 가지고도 심사관마다, 심판관, 판사, 변리사마다 그리고 이들 서로 간에도 진보성에 대해 의견이 다를 수 있다.

발명자 입장에서 자신의 발명이 진보성이 있는지 판단하기 좋은 방법이 있다. 발명을 자신이 아닌 경쟁사가 했다고 가정하자. 그리고 그 발명에 대해 경쟁사가 독점권을 받아도 깔끔하게 박수 칠 만한 수준인지, 이렇게 접근하면 진보성에 대한 감을 잡을 수 있다.

명세서 기재요건을 잘 따라야 한다

전문용어로 '기재불비' 요건이라 한다. 명세서는 크게 보면 '발명의 설명'과 '청구범위'로 나뉘는데, 아무렇게 작성하면 안 되고 기본적으로 법에서 요구하는 조건을 충족해야 한다. 발명의 설명을 작성할 때는 통상의 기술자가 쉽게 실시할 수 있을 만큼 명확하고 상세하게 적어야 하고, 배경 기술도 적어야 한다.

클라이언트 중에 특허를 받으려고 하면서도 핵심 기술은 비밀이라 밝힐 수 없다고 하는 경우가 있다. 특허는 공개의 대가로 주어지는 독점배타적인 권리다. 공개하지 않으면 이 요건에 따라 특허를 받을 수 없다. 물론 컴퓨터 프로그램 소스 코드처럼 지나치게 세부적인 것까지 다 기재할 필요는 없다. 다만 통상의 기술자가 특수한 지식을 부가하지 않고도 과도한 시행착오나 반복 실험 등을 거치지 않고 발명을 구현할 수 있을 정도는 적어야 한다.

청구범위를 작성할 때는 청구항이 발명의 설명에 의해 뒷받침되어야 하고, 발명을 명확하고 간결하게 적어야 한다. 또 특허법 시행령에서 규정하는 기재방법을 충족해야 한다.

예를 들어, 청구항에는 초음파 모터를 이용한 발명에 대해 기재하고 있으나 발명의 설명에는 직류 모터를 이용한 발명에 대해 기재하고 있다면 특허를 받을 수 없다. 청구항에 '주로', '많은', '대부분의', '대략'과 같은 표현을 쓰는 경우도 특허를 받을 수 없다. 일상적으로는 자주 쓰는 표현이지만 독점배타적인 권리를 설정하는 청구범위에 쓰기에는 불명료한 표현으로 취급하기 때문이다.

기타

이 밖에도 성 보조기구처럼 공서양속(公序良俗)에 반하는 경우, 동일한 발명인데 하루라도 타인보다 늦게 출원하는 경우, 발명을 훔쳐서 출원하는 경우, 특허를 받을 수 있는 권리가 공유임에도 공동출원을 하지 않은 경우, 두 개의 발명을 하나의 출원에 몰아넣은 경우 등도 특허를 받을 수 없다.

05

프로토타입도 없고
아이디어뿐인데 특허가 될까?

"3D 프린팅으로 프로토타입을 쉽게 만들 수 있으니 이제 특허 출원하기도 더 쉬워지겠는걸. 그 전에는 아이디어가 있어도 일단 만들어보기가 힘들었는데 말이야."

기업을 운영하는 한 선배의 말이다. 이 말을 어떻게 생각하는가? 많은 이들이 발명을 특허 출원하기 전에 실제로 구현해봐야하는 것으로 착각한다. 발명하면 으레 연구실에서 뭔가를 뚝딱뚝딱 만들고 실험해보는 이미지가 떠오르기 때문이다. 물론 프로토타입(prototype)을 만들어 테스트를 해보면 완성도가 더 높아질 것이다. 그러나 특허 출원을 위해 발명을 반드시 구현해볼 필요는 없다. 실제로 구현한 프로토타입을 특허청에 제출해야 하는 것도 아니다. 다시 말해, 아이디어도 특허 출원할 수 있다. 다만 조건이 붙는다. 구현 가능할 정도로 구체화된 아이디어여야 한다. 하늘을 나는 오토바이를 만들고 싶다는 정도의 추상적인 아이디어로는 곤란하다. 어떤 구성으로 어떻게 동작하여 날 수 있는지를 제3자가 구현할 수 있을 정도로 구체화해야 한다. 하지만 반드시 이를 만들어서 실제로 잘 나는지를 증명해 보일 필요는 없다.

이렇게 구현 가능한 아이디어 단계에서 특허 출원하면 어떤 점에서 좋을까? 당연히 특허 출원일이 당겨지므로 특허 받을 가능성이 높아진다.

예를 들어, A가 하늘을 나는 오토바이를 연구개발하면서 구현 가능한 정도의 아이디어를 2018년 1월 1일에 완성했다고 치자. 이를 프로토타입으로 만드는 데 1년이 걸려 2019년 1월 1일에 비행 테스트를 해보니 1분을 날았다. 테스트가 성공적이어서 특허 출원을 했다. 그런데 B는 같은 아이디어를 프로토타입을 만드는 데 시간을 쓰지 않고 곧바로 2018년 8월 1일에 특허 출원하였다. 그 결과는 어떻게 될까? A가 훨씬 먼저 발명을 완성했음에도 특허를 받지 못하고 오히려 B가 특허를 받게 된다.

프로토타입을 만들기 전이라도 구현 가능한 정도로 구체적인 아이디어가 있다면 특허 출원을 하자. 물론 프로토타입을 만들고 버전업을 하면서 나온 업그레이드 기술이나 파생된 기술도 특허출원 하는 게 특허 포트폴리오 관점에서 바람직하다. 어찌됐든 실제 구현한 아이디어만 특허 받을 수 있는 게 아니다. 구현해보지는 않았지만 구현 가능한 정도의 구체적인 아이디어도 특허를 받을 수 있다는 점을 명심하자.

영업방법도 특허가 될까?

아마존을 유명하게 만든 '원클릭' 특허. BM(Business Method) 특허란 용어조차 생소하던 시절에 아마존은 1999년 원클릭 특허가 등록되자마자 특허소송을 제기해 당시 아마존보다 훨씬 큰 서점인 반스앤노블에 큰 타격을 입혔다. 원클릭 특허는 한 번의 클릭으로 미리 저장해둔 정보들을 이용하여 주문하는 영업방법을 소프트웨어로 구현한 것이다.

음식배달로 유명한 한 업체는 '주문콜 중계 과금 시스템 및 방법', 'TTS(Text to Speech)를 이용한 배달주문 중계 시스템 및 그 방법'을 비롯해 여러 건의 특허를 보유하고 있다. 한 P2P 업체는 전통문화 '계모임'을 활용한 핀테크 서비스를 제공하는데, '스테이지를 기반으로 P2P 금융 서비스를 운영하는 방법 및 장치' 특허를 보유하고 있다.

BM 발명은 이처럼 영업방법 등 사업 아이디어를 컴퓨터, 인터넷 등의 정보통신 기술을 이용해 구현한 새로운 비즈니스 시스템 또는 방법이다. 비특허 대상인 영업방법이 특허 대상인 컴퓨터, 인터넷 등 정보통신 기술과 결합하여 특허 대상인 영업방법 발명이 된다. 따라서 정보통신 기술과 무관하게 구현되는 여성전용택시 운영방법처럼 순수한 영업방법은 특허 대상이 되지 않는다.

인간의 정신활동이나 오프라인 상의 인간 행위를 조금이라도 포함하면 특허 대상이 되지 않는다. 따라서 O2O 비즈니스의 경우 오프라인 관련 사항을 제외하고 온라인 관련 사항에 한정하여 발명을 구성해야 한다.

한 예로, 물건을 먼저 할인받아 구입 후 신용카드 사용액에 따른 포인트로 할인받은 금액을 대체하는 BM 특허가 있었다. 신용카드를 사용하면 발생하는 포인트로 물건을 구입하는 것과는 반대로, 요즘 신용카드사에서 상당히 많이 쓰는 비즈니스 모델이다. 그런데 이 특허는 무효되었다. 나는 이 특허를 무효시키는 입장이었는데, 내가 보기에도 특허법원 재판부가 오프라인 포함 부분을 가혹할 정도로 엄격히 적용해 무효 판결했다. 애초에 청구항을 조금 달리 작성했다면 무효사유를 극복할 수 있었던 건이었다. 놀랍지 않은가? 분명히 같은 아이디어인데도 청구범위 작성 테크닉에 따라 특허 운명이 달라질 수 있으니 말이다. 기존에 오프라인 상에서 있었던 영업방법을 단지 온라인상으로 옮기기만 해서는 특허를 받기 어렵다. 그 정도는 통상의 기술자가 쉽게 생각해낼 수 있기 때문이다. 그리고 BM 특허는 복수 주체 이슈 등 일반적인 기술 특허에서는 보기 힘든 복잡한 이슈가 존재한다. 수십억짜리 미국 BM 특허 포트폴리오를 투자 검토하다 이 이슈 때문에 불발된 경우도 있었다. BM 특허는 등록률이 낮은 편이다. 품도 많이 들어가고 다루기도 까다롭다. 일반적으로 다른 기술 특허에 비해 수수료가 높은 것도 그런 이유 때문이다. 전문가의 손길이 특히 필요하다.

출원 전에 IR 발표를 했는데 문제가 될까?

스타트업 붐이다. 여기저기서 다양한 IR 발표 행사가 많이 열리고 있다. 발표자는 많은 청중 앞에서 들뜬 마음으로 제품과 서비스를 시연해 보이기도 하고 엔젤 투자자의 질문에 자세한 답변도 해준다. 투자를 받으면 국내 특허 출원은 물론 해외 출원도 하려고 한다. 축하할 일이다. 그러나 특허 관점에서는 매우 위험한 행위를 한 것이다.

일반인들이 특허에 대해 많이 알게 된 계기라면 삼성과 애플의 특허분쟁이 아닐까 싶다. 애플이 삼성을 곤경으로 몰고 간 특허 중에 바운스 백(bounce-back) 특허가 있다. 스마트폰에 저장된 사진을 확대해서 왼쪽으로 사진을 넘길 때 사진의 오른쪽 끝부분이 음영 표시된 후 다시 튕겨져서 화면이 되돌아가는 기술이다.

애플의 이 특허는 독일에서 무효가 되었다. 독일에 특허 출원하기 전에 스티브 잡스가 2007년 1월 아이폰 시연 행사를 가졌기 때문이다.

자기가 개발한 제품을 자기가 공개한 건데도 특허를 받지 못한다고? 그렇다. 법이 그렇다. 특허 출원 전에 이미 알려진 발명이면 특허를 받지 못한다는 특허요건을 기억하는가? 맞다, 신규성 요건이다. 이미 알려진 발명에 타인의 발명이라는 한정이 있는가? 없다. 그래서 자기가 발명한 것이라도 특허 출원 전에 공개하면 특허를 받지 못하게 된다. 글로벌 기업 애플조차 실수를 한 것이다.

좀 가혹하다는 생각이 들 수 있다. 그래서 이를 구제하는 제도가 있다. 나라마다 제도가 다르다. 우리나라는 공지일로부터 1년이면 구제된다. 미국도 1년이면 구제된다(깊이 들어가면 기간 계산이 복잡하다). 하지만 유럽, 일본, 중국은 공지일로부터 6개월이 지나면 구제가 안 된다.

구제 사유도 서로 다르다. 우리나라와 미국, 일본은 제한이 없는 반면에 유럽과 중국은 특정 박람회 등 구제받을 수 있는 사유가 제한된다. 또한 구제받기 위한 절차도 나라마다 제각각이고, 구제받을 수 있는 기간, 사유, 절차도 계속 바뀐다. 우리나라도 예전에는 구제받을 수 있는 기간이 6개월이었는데 몇 년 전에 1년으로 늘어났다. 또 특정 박람회 등으로 구제사유가 제한되어 있다가 풀렸고, 구제받으려면 특허 출원 때 구제 요청을 해야 했는데 이 역시 특허 등록 전까지로 늘어났다.

그런데 이런 것들은 다 알 수도 없고, 알 필요도 없다. 전문가인 변리사 중에서도 잘 모르는 사람이 많다. 농담이 아니다. 변리사끼리도 이런 걸 서로 묻고는 한다. 국내 특허법도 자주 바뀌어 따라

가기 바쁜 마당에 외국 특허법 변동 사항까지 실시간으로 꿰어차고 있을 수 없다.

딱 하나, 이것만 기억하면 된다. 발명을 공개하기 전에 반드시 특허 출원을 하자. 스티브 잡스가 이것만 알았어도 바운스백 독일 특허는 무효가 되지 않았을 것이다. 만약 불가피한 사유로 특허 출원 전에 발명을 공개했다면 곧바로 변리사와 상의하자.

08

국내 특허도 발명이 세계 최초여야 할까?

　　해외에서 나름 성공한 영업방법이 있다. 국내에서도 충분히 사업성이 있을 것으로 보인다. 국내에서는 아직 누구도 시도하지 않았다. 그래서 제일 먼저 국내에서 론칭하려고 한다. 기왕이면 특허 역시 확보해 타사가 모방하지 못하게 하고 싶다. 이런 경우 국내에서 특허를 확보할 수 있을까?

　　결론부터 말하면 특허를 확보할 수 없다. 국내에서만 특허를 확보하려 해도 해외에 동일하거나 유사한 기술, 서비스가 이미 있으면 안 된다. 앞서 신규성과 진보성 요건을 설명했다. 간단히 다시 설명하면, 특허 출원 전에 국내 또는 국외에서 이미 알려진 발명이거나 이로부터 통상의 기술자가 쉽게 발명할 수 있는 경우에는 특허를 받을 수 없다. 대상 지역이 국내뿐만 아니라 국외도 포함된다. 국내 특허를 확보하면 국내에서만 독점배타적 효력이 발생하지만, 국내 특허를 확보하기 위해서는 국외에서도 이미 알려진 발명이거나 이로부터 쉽게 발명할 수 있는 것이 아니어야 한다. 이런 점에서 국내 특허를 확보하기 위해서라도 세계 최초여야 한다.

다소 엄밀히 얘기하면, 세계 최초여야 한다는 것이지 꼭 세계에서 가장 먼저 출원해야 한다는 것은 아니다.

예를 들어 A는 2018년 1월 1일 국내에서 특허 출원을 했다. 그런데 B가 동일한 발명을 2017년 7월 1일 미국에서 출원만 하고 2018년 1월 1일 이전까지 발명이 알려지지 않은 상태로 비밀로 유지했다. 그러면 A는 국내에서 특허를 받을 수 있다. B의 발명이 A가 특허 출원하기 전에 알려진 상태가 아니기에 A의 신규성과 진보성 판단시 고려대상이 되지 않는다. 물론 B가 2017년 11월 1일 서비스 론칭을 하면서 발명이 구체적으로 알려졌다면 A는 특허를 받을 수 없다.

좀 복잡할 수도 있는데, 이것만 기억하자. 해외에서 이미 알려진 기술이나 서비스를 국내에서 제일 먼저 특허 출원했다고 해서 특허를 받을 수 있는 것은 아니다. 해외에서 이미 알려진 기술이나 서비스를 그대로 본뜨지 말고 파격적으로 업그레이드 해야 국내에서 특허를 받을 수 있다. 물론 이렇게 한다면 해외에서도 특허 받을 수 있을 것이다.

09
시중에 없는 제품이면 특허받을까?

"인터넷 검색도 하고 발로 뛰면서 경쟁사들을 다 조사해봤는데 시중에 아직 저희 제품과 같거나 유사한 컨셉트의 제품을 보지 못했습니다. 저희 제품이 최초라는 것이죠. 그럼 특허 받을 수 있지 않나요?"

과연 그럴까? 많은 경우 경쟁사의 제품이나 서비스를 구글링 등 인터넷 검색, 관련 업계 동향 보고서, 세미나, 콘퍼런스, 전문가 의견 등을 통해 조사한다. 그러나 특허문헌을 조사하지 않는 경우가 많다. 구글이 아무리 강력한 검색 엔진이라 하더라도 관련 특허문헌까지 다 찾아내지는 못한다. 특허는 기업이 가진 기술 중에서도 가장 핵심적인 기술을 공개하는 조건으로 특별히 보호받는 것이다. 그렇다면 제품과 서비스를 준비하기 전에 당연히 특허문헌도 검색해야 한다.

특허문헌 조사는 구글링처럼 일상화할수록 좋은데 이를 소홀히 하는 경우가 많다. 특허는 제품이나 서비스로 나오기 훨씬 전에 출원되어 공개되는 경우가 허다하다. 시중에서 아직 제품이나 서비스를 보지 못했어도 5년, 아니 10년 전에 이미 특허 출원되어 있는 경우도 비일비재하다. 요즘 3D 프린터가 뜨면서 아주 혁신적인 기술이라고 많이들 생각하지만 핵심 기술은 20년보다 더 오래전에 이미 특허로 출원되었다. 어쩌면 원천 특허가 보호기간 만료로 소멸되면서 이제야 3D 프린터 산업이 활성화되는 측면도 있다. 그러므로 시중에서 아직 보지 못한 제품이나 서비스라도 특허 받을 수 없는 경우가 많다.

그럼 특허문헌 조사까지 했는데도 동일하거나 유사한 기술을 검색할 수 없다면 특허를 받을 수 있을까? 반은 맞고 반은 틀리다. 특허 출원은 출원일로부터 1년 6개월이 지나면 공개가 된다. 공개되기 전까지는 아무도 특허 출원이 되었는지 알 수 없다. 특허 검색 자체가 안 되기 때문이다. 따라서 당신보다 먼저 출원하여 공되지 않은 특허문헌이 존재할 수 있다. 국내 특허 기준으로는 이런 특허문헌에 기재된 발명과 당신의 발명이 동일하면 당신의 발명은 특허받지 못하고, 유사한 정도면 특허받을 수 있다. 그러므로 동일한 특허가 검색되지 않았다고 해서 특허 출원을 해놓고 자만해서는 안 된다. 꾸준히 연구개발을 진행하고 제품과 영업방법을 고도화하면서 특허 출원을 계속해야 한다. 그렇게 해서 특허 포트폴리오를 구성하면 설사 처음 특허 출원이 특허를 받지 못하고 제3자가 원천 특허권을 가지고 있더라도 당신을 함부로 대할 수 없다. 그게 바로 특허 포트폴리오의 힘이다.

⑩
군더더기들이 좋은 발명을 망친다

　　　　앞서 발명과 특허는 별개라고 했다. 또한 발명이 특허로 등록되었다고 반드시 좋은 특허로 이어지지 않는다고도 했다. 그렇다면 훌륭한 발명 아이디어가 대체 어떠한 과정을 거치면서 형편없는 특허로 전락하는지 살펴보자.

　발명은 여러 요건을 충족해야 심사를 통해 특허로 등록된다. 그 요건 중에서 가장 이슈가 되는 것이 바로 진보성 요건, 즉 발명이 선행 기술에 비해 얼마나 진보한지에 관한 것이다. 쉽게 말하면 발명이 선행기술들과 비교해 그 차이가 얼마나 크냐는 것이다. 이 차이를 파악하려면 발명이 먼저 명확히 특정되어야 한다. 그렇다면 무슨 기준으로 발명을 특정할까?

　발명은 전문가의 손길을 거쳐 '명세서'라는 문서에 글로써 표현된다. 명세서에는 기재할 항목이 여러 개 있다. 예를 들어 '발명의 설명' 항목에는 발명이 어떻게 구성되고 동작하는지 상세히 써야 한다. 또한 '청구범위' 항목에는 발명한 내용 중에서 권리로 확보하고 싶은 사항을 기재한다. 그런데 발명의 설명 항목에 발명한 내용을 아무리 많이 기재하더라도 막상 청구범위에 기재하지 않으면 그 발명은 공공의 이익을 위해 그냥 기부한 것으로 취급한다. 따라서 청구범위는 명세서에서 가장 중요한 부분이라 할 수 있다. 청구범위는 여러 개의 '청구항'들로 구성하며, 발명은 청구항 별로 각각 기재한다. 이때 청구항 별로 기재한 바로 그 발명이 선행기술들과 비교된다.

그런데 청구항에 기재된 발명이 아주 자세하게 쓰여 있다고 치자. 그러면 어떤 상황이 벌어질까? 당연히 선행기술과 차이점이 커질 것이다. 이것저것 군더더기가 많이 붙어 있으니 선행기술과 차이점을 주장할 만한 거리가 많기 때문이다. 심사관도 군더더기까지 일일이 선행기술을 모두 다 찾아내기는 어렵다. 결국 쉽게 특허 등록을 받게 된다.

예를들어, 기존에 없던 '등받이를 구비한 의자'를 발명했다고 치자. 등받이의 재질이 무엇인지는 핵심 사항이 아니다. 그 의자의 다리가 네개인지, 팔걸이가 있는지도 핵심 사항이 아니다. 그저 군더더기에 불과하다. 그런데도 청구항에 '다리는 네개이고, 팔걸이가 있으며, 나무 재질 등받이를 구비한 의자'라고 기재했다. 이런 경우 다리가 네개인 의자가 표현된 선행 기술, 팔걸이가 있는 의자가 표현된 선행 기술, 등받이 중에서도 나무 재질인 등받이를 구비한 의자가 표현된 선행기술, 이 모두를 찾아내지 않는 한 특허는 받을 수 있다. 군더더기 많은 특허가 쉽게 탄생한 것이다. 그리고 이 일을 맡은 특허사무소는 '특허 등록 100% 신화'를 계속 써내려 간다며 큰소리를 칠 것이고, 발명자는 거액의 성사금을 지불할 것이다.

그럼 일단 특허 등록은 되었으니 아무런 문제가 없을까? 당연히 있다. 특허 등록을 받기 위해 청구항에 군더더기들을 기재했기 때문에 청구항에 기초한 특허의 권리범위가 매우 좁아진다. 왜냐하면 그 쓸데없는 군더더기들을 빠짐없이 모두 포함한 제품만이 특허를 침해하기 때문이다. 이를 전문용어로 '구성요소 완비의 법칙(All Elements Rule)'이라고 한다. 용어 자체가 아니라 그 의미가 무엇인지 아는 게 중요하다.

앞의 예를 다시 보자. 발명자는 기존에 없던 '등받이를 구비한 의자'를 발명했음에도 불구하고 '다리는 네 개이고, 팔걸이가 있으며, 나무 재질 등받이를 구비한 의자'로 특허를 받았다. 그러면 경쟁사도 '다리는 네 개이고, 팔걸이가 있으며, 나무재질 등받이를 구비한 의자'를 만들어야 침해이다. 만약 '다리는 네 개이고, 팔걸이는 없으며, 나무 재질 등받이를 구비한 의자'를 만들면 침해가 아니다. '다리는 한 개이고, 팔걸이가 있으며, 금속 재질 등받이를 구비한 의자'를 만들어도 침해가 아니다. 왜냐하면 특허 등록을 위해 포함된 군더더기들을 그대로 모두 구비한 제품만이 원칙적으로 침해가 되기 때문이다.

이 부분을 오해하는 이들이 가끔 있다. '다리는 네 개이고, 팔걸이가 있으며, 나무 재질 등받이를 구비한 의자'로 특허를 받았으니 '다리가 네 개인 의자'도, '팔걸이가 있는 의자'도, '나무 재질이든 아니든 등받이를 구비한 의자', 이 모든 의자들이 자신의 특허권 범위에 속할 정도로 권리범위가 넓다고 생각하는 것이다. 오히려 정반대인데도 말이다. 그래서 설명을 해주면 얼굴이 흙빛으로 변하면서 깜짝 놀라는 이들을 종종 본다.

이처럼 경쟁사는 권리범위가 형편없이 좁아진 특허를 아주 쉽게 회피설계하여 슬쩍 다른 제품을 만든다. 그렇다고 경쟁사에 주장할 수 있는 것은 아무것도 없다. 특허를 쉽게 받으려고 덕지덕지 붙였던 군더더기들이 부메랑이 되어 돌아온 것이다.

특허는 기본적으로 경쟁사가 제품을 유사하게 모방하는 것을 방지하기 위해 낸다. 하지만 특허를 출원하는 단계에서 경쟁사가 어떻게 변형을 하여 유사 제품을 만들어낼지는 예측할 수 없다. 따라서 특허를 출원할 때는 개발 제품 자체에 대한 내용만 기재할 게 아니라 변리사와 협의하여 변형 가능한 다양한 실시 예를 기재해야 한다. 또한 경쟁사들의 제품 개발 동향을 계속 모니터링하면서 청구항이 경쟁사 제품을 잘 커버할 수 있도록 다양한 법적 수단(계속출원, 분할출원, 보정 등)을 통해 권리를 잘 다듬어가야 한다. HEVC와 같은 동영상 코덱이나 LTE와 같은 통신 분야에서는 표준특허를 확보하기 위해 이런 과정이 필수로 진행된다.

다시 한 번 강조하지만, 훌륭한 발명이라고 아무렇게나 등록해도 훌륭한 특허가 되는 게 절대 아니다. 나는 특허분쟁이나 특허거래를 하면서 이런 경우를 수도 없이 봤다. 군더더기 하나 때문에 소송에서 패소하거나 수십억 원에 거래할 수 있는 특허가 불발되는 경우가 허다하다. 특허를 받을 수 있을 정도로 권리를 좁히

면서, 동시에 경쟁사의 다양한 모방 시도를 방지할 정도로 권리를
넓히도록 세심히 주의하기 바란다.

11
사업 아이디어가 자주 바뀔 때
효과적인 특허 출원 방법은?

　　　　　　사업 아이디어는 사업 초기일수록 자주 변하
기도 한다. 처음에 가졌던 사업 아이디어가 괜찮아 보였는데
MVP(Minimum Viable Product)를 만들어 고객들 반응을 보니 생각
보다 못한 경우가 많다. 그러면 사업 아이디어를 업그레이드한 후
다시 고객들 반응을 살피고, 이를 제품에 반영한다. 이렇게 하는 과
정에서 제품의 완성도는 올라가고, 마침내 시장에서 통하는 완성
품이 등장한다. 그런데 조금씩 업그레이드하는 기술이나 영업방법
마다 많은 돈과 시간을 투자해가며 특허 출원을 하는 것은 적잖은
부담이 된다.

　이럴 경우에는 업그레이드할 때마다 특허로 보호하고 싶은 기
술이나 영업방법을 핵심 위주로 명세서에 기재하여 출원한다. 다
양한 실시 예를 추가하고 청구범위에 전력을 쏟는 작업을 생략하
며 최소한의 형식만 갖춰 출원하기 때문에 돈과 시간을 절약할 수

있다. 통상적인 출원의 대리인 수수료에 비해 훨씬 저렴한 비용으로 가능하다. 심사청구도 생략한다. 이런 출원을 가출원(또는 임시출원)이라고 하는데, 미국과 달리 정식 법률용어는 아니다. 이후 이런 특허 출원이 쌓이면 최초 특허 출원의 출원일로부터 1년 내에 이들을 모두 통합하여 완성도 높은 특허 출원을 한다. 이를 전문용어로 '국내 우선권 주장 출원'이라고 한다.

예를 들어 2018년 2월 1일에 a란 기술 내용으로 가출원을 하고, 이어 2017년 7월 1일에는 a′란 기술 내용으로, 2018년 12월 1일에는 a″란 기술 내용으로 가출원했다면 충분한 준비를 거쳐 a, a′, a″를 모두 포함하는 국내우선권 주장 출원을 2019년 2월 1일 내에 정식으로 진행한다. 이때 가출원은 취하한 것으로 보아 없어진다. 하지만 국내우선권 주장 출원에 포함되어 있던 a는 2018년 2월 1일에, a′는 2018년 7월 1일에, a″는 2018년 12월 1일에 각각 출원한 것으로 인정해 준다. 전문용어로 '소급효'가 발생한다고 한다.

다만, 이는 어디까지나 사업 아이디어가 조금씩 업그레이드되거나 추가될 때 의미가 있다. 피봇팅(pivoting)처럼 사업 아이디어가 급격히 변하여 하나의 발명 그룹으로 볼 수 없는 경우까지 커버하기는 어렵다. 전문용어로 '1발명 1출원주의'라는 제도 때문이다. 따라서 비용을 아끼려고 특징이 전혀 다른 발명들을 하나의 출원에다 집어넣어서는 안 된다. 어차피 꾸역꾸역 넣더라도 분할을 하라고 특허청에서 연락이 온다. 또한 청구범위 작성에도 한계가 있어 발명을 제대로 보호하기도 어렵다. 팁을 잘 이용하되 무리수를 두면 곤란하다.

가출원은 변리사가 리소스 투여를 최소화함으로써 비용을 줄이는 것이다. 당연히 클라이언트가 발명을 문서로 잘 정리한 뒤 의뢰해야 한다. 그래야 비용 세이브가 크다. 그리고 가출원은 완성도 측면에서 그 자체로 특허를 받기는 어렵다. 특허를 받으려면 반드시 1년 내에 정식으로 출원해야 한다. 만약에 시간이 흘러 가출원의 발명 내용이 그리 중요하지 않은 것으로 판단되면 과감히 정식 출원을 진행하지 말고 놔두면 된다. 그래도 처음부터 정식 출원한 것에 비해 비용을 절감하는 효과가 있다. 그렇다고 가출원부터 하는 게 언제나 유리한 것은 아니다. 그러므로 가출원은 사업 아이디어가 자주 변하는 상황에서 임시적인 조치로 이용하는 게 바람직하다.

⑫
긴급하게 특허를 출원하는 방법 없을까?

LTE란 말을 못들어 본 사람은 없을 것이다. 요즘 스마트폰의 통신 표준규격이다. 이처럼 통신이나 동영상 등 표준규격에 해당하는 특허를 표준특허라고 한다. 기업이나 연구원은 표준특허를 확보하기 위한 표준화회의에 참석하기 전에 기고서를 제출한다. 기고서를 통해 제안된 기술은 표준화회의에서 토론을 거쳐 가장 뛰어난 기술이 표준으로 채택된다. 그 표준으로 채택된 기술의 특허는 MPEG LA, Sisvel과 같은 글로벌 라이선싱 업체의 외부 평가위원(evaluator)이 표준규격에 부합하는지 정밀평가를 한다. 부합한 것으로 평가된 특허는 정식으로 표준특허로 인정되어 상당한 로열티를 창출한다. 필자 역시 표준특허의 창출과 평가를 모두 해보았는데, 기업은 표준특허 확보에 사활을 건다.

그러면 기업은 언제 특허 출원을 할까? 당연히 기고서를 제출하기 전에 특허 출원을 한다. 그런데 보통 기고서를 제출시한 직전에 완성한다. 심지어는 하루 내에 특허 출원을 하기도 한다. 이게 가능할까? 가능하다. 앞서 설명한, 사업 아이이어가 자주 바뀔 때 쓰는 전략인 가출원을 활용하면 된다. 기고서를 기초로 최소한의 형식만 갖춰 신속히 출원한다. 일반적인 출원은 한 달 내외 일정으로 출원을 준비하지만 가출원을 통해 며칠 내에 출원할 수 있다. 1년 내에 국내우선권 주장 출원을 통해 보완하면 된다. 오랜 경력의 변리사도 이런 방법을 잘 모르는 경우가 의외로 많다.

물론 이 방법을 표준특허에만 쓸 필요는 없다. 특허 출원을 하지 않은 상태인데 갑자기 IR 발표를 해야 한다면 가출원을 통해 긴급하게 출원하는 것이 좋다. 출원도 하지 않고 IR 발표를 하는 것보다 훨씬 낫다. 타사와 비즈니스 논의를 해야 하거나 박람회 등 행사에 참여해야 하는 경우도 마찬가지다. 당신이 알아야 할 것은 긴급하게 특허 출원하는 방법이 있다는 사실이다. 변리사가 당신이 IR 발표를 하는지 박람회에 참여하는지 미리 파악을 하면서 가출원하라고 쫓아다닐 수는 없다. 긴급하게 특허 출원하는 방법이 있다는 것을 알아야 변리사와 협의해서 처리할 수 있다.

⑬
특허 출원 이후에는 어떤 절차가 진행될까?

특허 출원을 하면 특허 등록이 그냥 되는 게 아니다. 특허청의 심사를 통과해야 특허 등록이 된다. 특허청 심사는 특허 출원을 했다고 자동으로 진행되지 않는다. 출원인이 별도로 특허청에 심사청구를 해야 한다. 심사청구는 특허 출원일부터 3년 내에 해야 한다. 물론 특허 출원과 동시에 할 수도 있다. 2017년 2월 29일 이전에 출원한 건은 특허 출원일부터 5년 내에 심사청구를 할 수 있었다. 그러니까 심사청구 기간이 2년이나 줄어든 것이다. 권리화 여부를 좀 더 빨리 결정하라는 취지로 이렇게 바뀌었다. 만약 심사청구 기한이 지나도 심사청구를 하지 않으면 특허 출원을 취하한 것으로 본다. 즉 특허권을 가질 기회가 사라진다는 것이니 기한을 놓치지 말아야한다.

심사청구를 언제 할지는 사업화 정도, 발명의 중요도 등을 종합적으로 고려하여 결정하면 된다. 예를 들어 특허 출원 후 2년 이내에 제품을 출시할 예정이고 발명의 수준이 높다면 출원과 동시에 심사청구를 하는 게 좋다. 제품을 출시하는 시점에 등록 특허를 보유하면 마케팅에 도움이 될 뿐만 아니라 경쟁사에도 모방에 대한 부담을 주기 때문이다.

특허청 심사를 곧바로 통과하는 경우는 매우 드물다. 대부분의 특허 출원은 특허청으로부터 '의견제출통지서'라는 서류를 받게 되는데, 이런저런 이유로 특허를 받을 수 없으니 이견이 있으면 소명하라는 서류다. 거절이유는 선행문헌과 동일하거나 이로부터 쉽게 발명할 수 있다는 것, 즉 신규성과 진보성 사유가 많다. 더 많은 사유가 궁금하면 앞서 설명한 '특허를 받기 위한 요건은 무엇일까?'를 다시 보기 바란다.

그런데 의견제출통지서의 특허를 받지 못할 수 있다는 말에 좌절할 필요는 없다. 전체 출원의 약 90%는 모두 의견제출통지서를 받기 때문이다. 등록으로 가는 길의 통과의례라고 생각하는 게 좋다. 오히려 청구범위를 좀 더 정교하게 다듬을 수 있는 기회로 보면 된다.

의견제출통지서에 대응하는 업무를 전문용어로 '중간사건처리', '거절이유 대응' 또는 'OA(Office Action) 대응'이라고 한다.

OA 대응은 특허 출원 못지않게 중요한 단계다. 등록 특허가 탄생할지 그냥 죽을지가 결정되고, 쓰레기 등록 특허가 될지 옥동자 등록 특허가 될지 최종적으로 결정되는 단계기 때문이다. OA 대응은 의견서와 보정서를 제출하는 형태가 일반적이다. 보정서를 통해 거절이유를 극복할 수 있을 정도로 청구범위를 보정한다. 의견서를 통해 보정된 청구범위가 왜 거절이유를 극복할 수 있는지 설득한다. 물론 보정서 없이 의견서만으로 대응하는 경우도 있다.

의견제출통지서는 거절이유를 전체적으로 뭉뚱그려서 제시하지 않는다. 청구항별로 특허 가능 여부를 판단한다. 심사관이 특허가 가능하다고 언급한 청구항만 살려서 특허를 받을 것인지, 거절 이유를 제시한 청구항에 대해서도 다뤄볼 것인지, 청구범위는 어떻게 보정할 것인지는 변리사가 코멘트해줄 것이다. 의뢰인도 선행문헌의 기술 내용이 무엇이기에 심사관이 거절이유를 제시한 것인지 검토하여 그 차이점을 변리사에게 알려주는 게 좋다. '대리인 수수료를 지불했는데 내가 왜?'라는 생각으로 접근하면 곤란하다. 특허는 변리사가 아닌 의뢰인의 재산이기 때문이다. 그리고 대응 결과는 모두 의뢰인에게 귀속된다. 변리사는 신경 쓸 사건이 한두 건이 아니다. 의뢰인이 관심을 가지는 만큼 변리사도 관심을 가진다.

OA 대응으로 거절이유를 극복하면 등록결정서를 받게 된다. 그리고 3개월 내에 소정의 등록료를 납부하면 특허증이 나온다. 마침내 특허권이 생긴 것이다. 만약 OA 대응에도 불구하고 특허를 받지 못하는 경우 재심사 청구, 거절결정불복심판, 특허법원, 대법원을 통해 다툴 수 있다. 심판과 소송은 비용과 시간이 상당히 소요되는 업무이므로 변리사와 극복 가능성, 비용, 중요도 등을 종합적으로 논의하여 진행 여부를 결정하기 바란다.

14

긴급하게 특허를 받는 방법 없을까?

특허 출원을 긴급하게 하는 방법이 있듯이 특허를 받는 것도 긴급하게 할 수 있다. 정확히는 긴급하게 심사를 받는 방법이다. 발명이 특허요건을 갖추지 못하면 아무리 긴급하게 심사를 받더라도 특허를 받지 못하기 때문이다. 여기서는 특허요건을 만족하는 발명을 전제로 한다.

특허 출원은 심사청구를 해야 심사가 진행되는데 심사청구일부터 약 1년을 기다려야 심사결과를 받아볼 수 있다. 그렇다면 1년이나 심사를 할까? 물론 아니다. 그냥 대기 상태에 있는 것이다. 다시 말해 1년 동안 심사 순서를 기다려야 한다.

그런데 사정상 긴급하게 특허를 받고자 하는 경우가 있을 수 있다. 비즈니스 파트너가 특허 출원으로는 부족하다며 특허 등록이 필요하다고 할 경우, 투자자가 특허 등록이 된 후 투자하겠다는 경우 등이다. 이런 니즈를 반영해 긴급하게 특허를 받는 제도가 있다.

전문용어로 '우선심사 신청'이라고 한다. 이를 새치기라고 생각하면 안 된다. 비행기를 탑승할 때도 어린이 동반 가족을 먼저 탑승시키는 예외가 있지 않은가.

우선심사를 신청하면 3개월 전후 심사결과를 받아볼 수 있다. 물론 심사결과를 받는다는 자체가 특허 등록이 된다는 건 아니다. 특허가 등록되기까지는 1~3개월 더 소요될 수 있다.

우선심사 신청은 원칙적으로 아무 출원이나 해주는 건 아니다. 타사가 특허 출원 발명을 모방하여 사업을 하든지, 벤처기업 특허 출원이든지, 전자거래와 직접 관련된 특허 출원이든지, 다 해서 10여 개의 사유가 있다. 그 사유 중에 독특한 게 있다. 특허청이 인정한 선행기술 전문조사기관이 몇 군데 있는데 이곳에 조사료를 내고 조사를 의뢰하면 우선심사를 해준다. 한마디로 어떤 출원이든지 돈만 좀 더 지불하면 우선심사를 받을 수 있다.

10여 개의 우선심사 해당 사유가 무엇인지 일일이 알 필요는 없다. 어떤 출원이든 긴급하게 특허를 받는 방법이 있다는 것만 알고 있으면 된다. 그러면 변리사가 가장 적절한 우선심사 사유를 찾아내어 신속히 특허를 받도록 도와줄 것이다.

15

명세서 초안은 어떻게 검토해야 할까?

변리사는 심혈을 기울여 명세서 초안을 작성한 뒤 클라이언트의 확인을 받는다. 클라이언트의 의견을 받아서 명세서 최종본을 완성하기 위해서다. 클라이언트 입장에서는 최고의 특허 전문가인 변리사가 작성한 명세서 초안인데 지적할 게 있을까 싶기도 하다. 더군다나 검토하려고 해도 어떻게 검토해야 할지 모른다. 논문보다 더 딱딱하게 쓰인 느낌이라 눈에 잘 들어오지도 않는다. 그러나 변리사라고 완벽한 게 아니다. 실수할 가능성은 항상 있다. 의사도 오진을 할 때가 있지 않은가. 더군다나 경력이 낮은 변리사나 명세사가 초안을 작성하고 베테랑 변리사가 리뷰를 보지 않았다면 더더욱 그렇다.

명세서는 크게 발명의 설명과 청구범위로 나뉜다. 먼저 발명의 설명 파트를 검토할 때는 자신의 발명이 잘못 기재된 곳이 없는지 검토한다. 발명자만큼 발명을 잘 아는 사람은 없다. 변리사가 기술 전문가라고 하지만 발명자만큼은 아니다. 변리사는 폭넓은 기술을 커버하지만 특정 기술과 관련해서는 발명자보다 기술 이해도가 부족하다. 특정 발명으로 한정할 경우는 더더욱 그렇다. 커뮤니케이션 과정에서 명세서에 포함시키기로 한 사항이 누락되지 않았는지도 검토해야 한다. 또한 그 전에 생각하지 못했던 실시 예나 변형 예가 떠오르면 잘 정리해서 보완 요청을 하면 된다. 발명의 설명 파트를 검토할 때는 도면을 참조해 가면서 발명이 명확하고도 상세히 설명되어 있는지 검토해보는 것이 좋다. 도면도 예를 들어 신호 흐름이나 구성요소 간 연결 관계가 잘못되어 있지 않은지 체크해보는 게 좋다.

청구범위 파트를 검토할 때는 청구항이 너무 자세하게 작성되어 있지는 않은지 주의해서 검토해야 한다. 발명의 설명 파트는 자세할수록 좋지만 청구항은 간단할수록 좋다. 이 말을 잘 기억해두기 바란다. 무슨 말인지 모르겠거든 앞서 설명한 '군더더기들이 좋은 발명을 망친다' 부분을 보기 바란다.

발명의 설명에만 기재하고 청구범위에는 기재하지 않은 사항은 권리로서 인정하지 않는다. 따라서 권리로서 인정받으려는 사항이 청구범위에 누락되어 있지는 않은지 확인해야 한다. 다만, 핵심사항 위주로 누락되어 있는지 체크한다. 주지관용 기술이나 별 의미 없는 사항까지 모두 권리화하면 비용만 더 들 뿐이다.

청구범위는 여러 개의 청구항으로 구성되고, 청구항은 독립항과 종속항으로 나뉜다. 종속항은 독립항을 한정하거나 부가하여 구체화한 청구항이다. 종속항은 다른 종속항을 한정하거나 부가하여 구체화할 수도 있다. 쉽게 말해 청구항에 "제○항에 있어서"라는 표현이 없으면 독립항, 있으면 종속항이라고 이해하면 된다. 청구범위 파트를 검토할 때는 이 종속항의 인용관계도 살피는 게 좋다.

그럼 청구범위 작성 예를 통해 인용관계의 중요성을 살펴보자. 좌측 청구범위와 우측 청구범위의 차이는 청구항 3이다. 좌측 청구범위에는 "제2항에 있어서"이고, 우측 청구범위에는 "제1항에 있어서"로 작성되어 있다. 이게 무슨 차이를 가져올까?

[청구항 1] 　A; 　B; 및 　C를 포함하는 의자 [청구항 2] 　제1항에 있어서, D를 더 포함하는 의자 **[청구항 3]** **　제2항에 있어서, E를 더 포함하는 의자**	[청구항 1] 　A; 　B; 및 　C를 포함하는 의자 [청구항 2] 　제1항에 있어서, D를 더 포함하는 의자 **[청구항 3]** **　제1항에 있어서, E를 더 포함하는 의자**

좌측 청구범위에서 청구항 3은 A, B, C, D, E를 모두 포함하는 의자를 권리범위로 한다. A, B, C, E만으로 만들어진 의자는 청구항 3의 권리범위를 벗어나게 된다. 침해가 성립하지 않는다는 말이기도 하다. 반면에 우측 청구범위에서 청구항 3은 A, B, C, E를 모두 포함하는 의자를 권리범위로 한다. A, B, C, E만으로 만들어진 의자뿐만 아니라 A, B, C, D, E만으로 만들어진 의자도 권리범위에 포함된다. 당연히 우측 청구범위가 좌측 청구범위보다 유리하다. 청구항에 어떤 내용이 기재되어 있느냐만 중요한 게 아니다. 단지 청구항 어느 항을 인용하는지 숫자만 바꾸어도 권리범위에 큰 변화가

생긴다. 불필요하게 꼬리에 꼬리를 무는 형태로 청구항을 인용하지는 않았는지 확인할 필요가 있다. 이를 소홀히 한 특허들이 너무 많다.

이 밖에도 몇 가지가 더 있는데 이는 내공을 쌓아가면서 자연스레 익히면 된다. 좀 어려운 업무이지만 권리를 설정하는 부분이기에 품을 들여야 한다. 베테랑 변리사가 제대로 리뷰하는 곳이면 기본적으로 필터링될 사항이기는 하지만 당사자인 클라이언트도 할 수 있는 범위에서 한 번 더 체크한다는 의미로 이해하면 된다.

16

특허와 실용신안, 뭐가 다를까?

특허만큼은 아니어도 실용신안이란 말을 들어봤을 것이다. 둘 다 기술을 보호하는 것 같긴 한데 정확히 무슨 차이가 있을까? 특허는 발명을, 실용신안은 고안을 보호대상으로 한다. 발명과 고안의 가장 큰 차이라면, 고안은 물품의 형상, 구조 또는 조합에 관한 것으로 한정한다. 예를 들어 고안은 야채절단기, 베개, 칫솔, 샤워기 거치대처럼 물품에 관한 것이다. 따라서 영업방법이나 제조방법, 화학, 바이오의 경우는 실용신안으로 보호받을 수 없고 특허로 보호받을 수 있다. 즉 보호대상은 특허가 실용 신안보다 범위가 훨씬 넓다.

칫솔의 경우 실용신안 출원도, 특허 출원도 가능하다. 어느 것으로 출원하는 게 유리할까?

실용신안으로 출원하면 특허 출원을 할 때보다 등록을 받기가 쉬운 것으로 아는 이들이 많은데, 반드시 그렇지는 않다. 실무상 등록요건 정도를 판단할 명백히 차이를 두지는 않기 때문이다. 무승부다. 권리 보호기간은 실용신안이 출원일로부터 10년, 특허가 20년이다. 특허의 승리다.

대리인 수수료 및 관납료는 실용신안이 특허보다 조금 낮다. 실용신안의 승리이다.

마지막으로 실용신안보다는 특허가 마케팅 측면에서 더 매력적이다. 특허의 승리이다.

종합하면 특허가 실용신안보다 좀 더 어필한다. 장단점을 고려하여 사안에 따라 무엇으로 출원할지 결정하면 된다. 실무상 실용신안보다는 특허 출원을 더 애용한다.

중국에서는 실용신안 출원이 상당히 인기가 많다. 특허 출원수와 실용신안 출원 수가 비슷할 정도다. 우리나라와 달리 실용신안에 대해 심사도 하지 않고 그냥 등록을 시켜준다. 등록되면 곧바로 침해소송 등 권리행사가 가능하고 무효율도 낮은 편이다. 비용이 꽤 소요되는 심사과정이 없기 때문에 출원 비용도 특허보다 훨씬 저렴하다. 물론 중국도 실용신안 출원은 물품에 관한 것만 보호한다.

17

특허 출원도 경쟁사에 위협이 될까?

특허는 등록이 되어야 독점배타권이 생긴다. 따라서 특허 출원인 상태에서는 경쟁사가 발명을 모방하여 제품을 생산하더라도 제재를 가하기 어렵다. 물론 특허 출원 상태의 모방에 대해서도 일정 절차를 거쳐 보상금을 받을 수 있지만 실제로 성사된 경우는 거의 드물다. 그럼 특허 출원은 등록되기 전까지 경쟁사에 아무런 위협도 되지 않고 의미도 없을까?

역으로 생각해보자. 경쟁사가 매력적인 제품을 판매하고 있다. 따라 만들고 싶을 만큼 매력적이다. 그런데 그 제품 홍보문구에 특허 출원이 표시되어 있다. 그럼에도 제품을 따라 만들어 판매할 수 있을까? 아무래도 주저하게 마련이다. 특히 특허 출원은 출원이 공개되기 전까지의 기간, 즉 특허 출원일로부터 1년 6개월까지는 발명 내용이 공개되지 않고 베일에 싸여 있다. 출원공개라도 되어 있으면 그 발명 내용을 보고 특허를 받지 못할 가능성을 예측해보거나 회피설계 방안도 생각해볼 수 있다 하지만 출원공개 전까지는 예측도 회피설계도 어렵다. 불확실성 상태는 부담을 주게 마련이다. 출원인은 특허를 받기 어렵거나 특허를 받더라도 권리범위가 좁아 회피설계 가능성이 높으면 베일에 싸인 기간을 전략적으로 확실하게 이용해야 한다. 출원과 동시에 심사청구를 하거나 우선심사를 신청하는 것은 별로 바람직하지 않다. 특허 출원이 일찍 소멸되거나 그 내용이 일찍 공개되어 경쟁사에 줄 수 있는 위협 역시 일찍 사라져 버리기 때문이다.

⑱
특허 등록되었다고 경쟁사가 꼼짝 못할까?

　　　　　　투자를 유치하려는 기업에 투자자가 흔히 하는 질문 중 하나가 후발 경쟁업체를 어떻게 견제할 것이냐는 것이다. 대부분 마케팅을 적극적으로 하여 업계를 선점하고, 등록 특허 역시 보유하고 있으니 쉽게 따라오기 어렵다고 답한다. 특허는 등록이 되어야 독점배타권이 발생한다는 점에서 등록 특허의 보유는 후발 경쟁업체를 견제하는 수단이 된다.

　그런데 등록 특허라고 해도 완벽한 권리가 아니다. 분쟁 과정에서 특허가 무효로 될 확률이 50%를 넘기 때문이다. 무효가 될 확률이 과반이라는 점에서 등록 특허라는 점을 지나치게 맹신하면 안된다. 보유한 등록 특허가 설사 무효가 되지 않더라도 침해 결론을 이끌어내기도 쉽지 않다. 발명이 뛰어나고 청구범위가 정교하게 잘 작성되어 있지 않으면 비침해로 결론나기 십상이다. 따라서 등록특허 한두 건을 가지고 경쟁사를 제압할 수 있으리라는 것은 지나치게 낙관적인 생각이다.

그럼 어떻게 해야 할까? 특허 포트폴리오를 구축하는 게 그래서 필요하다. 등록 특허 수가 많을수록 분쟁에 쓸 만한 특허를 많이 고를 수 있다. 그만큼 분쟁에 이길 가능성이 높아지고 경쟁사에 타격을 줄 수 있다.

예를 들어 등록 특허 50개 중에서 최정예 특허 5개를 선발했다고 치자. 최소한 1개 특허만 살아남아 침해 결론을 이끌어내도 경쟁사에 상당한 타격을 줄 수 있다. 물론 특허 포트폴리오를 구축하는 것이 쉬운 일은 아니다. 금전적으로나 시간적으로나 리소스가 많이 들어간다. 그러나 단순히 홍보용 특허가 필요한 기업이 아니라 기술력 기반인 기업이라면 특허 포트폴리오를 잘 구축해야 한다. 비록 분쟁까지 가지 않더라도 경쟁사는 당신의 특허 포트폴리오를 피해가기 위해 회피설계를 할 수밖에 없기 때문이다. 이 과정에서 경쟁사는 원가상승, 질 저하, 제품출시 지연 등 여러 가지 어려움을 겪게 된다. 그것만으로도 경쟁사에 비해 유리한 조건에서 앞서 달릴 수 있다.

01
세계에서 통하는 세계 특허가 있다?

       "내가 아는 ○○○가 세계 특허를 받았다고 하네. 와아… 전 세계에서 통하는 특허라니. 대단하지 않아?"

가끔씩 듣는 말이다. 검색창에 '세계 특허'를 입력하면 '세계 특허 받은 ○○○'라는 홍보문구를 볼 수 있다. 특허를 잘 모르는 이들에게는 '세계 특허'라는 말이 전 세계에서 큰 효력을 갖는 대단한 기술이라고 오해를 불러일으킬 것이다. 마치 '국제변리사'나 '국제변호사'가 전 세계 어느 나라에서나 특허 업무를 처리하고 법정에 설 수 있다는 착각을 일으키듯이 말이다.

그러나 세계 특허라는 용어는 없다. 하나의 특허가 전 세계에서 통용되는 경우는 없다는 얘기다. 한국 특허는 한국에서만 보호받고, 미국 특허는 미국에서만 보호받고, 중국 특허는 중국에서만 보호받는다. 이를 전문 용어로 '속지주의 원칙', '특허독립의 원칙', '1국 1특허의 원칙'이라고 한다.

중국에 제품을 수출하는데 중국의 어떤 업체가 그대로 베껴서 싸게 판매한다고 치자. 중국 특허가 없다면 한국 특허가 있든 미국 특허가 있든 그 업체에는 아무런 조치를 취할 수 없다. 따라서 경쟁사가 제품을 모방해 판매할 만한 국가에는 특허를 확보해두어야 한다.

또한 '국제 특허'란 말도 자주 사용한다. '국제 특허 받은 ○○'라는 홍보문구도 자주 볼 수 있다. 그러나 앞서 설명했듯 하나의 특허가 세계적으로 통용되는 경우란 없다. 다만, 편의상 'PCT 국제출원'이 국제 특허로 흔히 사용되고 있다. PCT 국제출원은 PCT(Patent Cooperation Treaty)라는 특허협력조약에 기초한 출원 방법인데, 한 번의 출원으로 약 150개국에 출원한 효과를 가진다. 하지만 주의해야 할 점은, 이것도 어디까지나 각국에 '특허 출원'한 효과가 있을 뿐이지 '특허등록'한 효과가 있는 게 아니라는 것이다. 특허 등록을 받기 위해서는 나라별로 별도의 심사를 거쳐야 한다.

전 세계에 통용되는 특허는 없다. 비즈니스가 필요한 곳에는 국가별로 특허를 확보해야 한다. 다만 PCT 국제출원을 통해 출원단계는 간편하게 진행할 수 있을 뿐이다.

글로벌 비즈니스를 취급하는 테크기반 회사라면 향후 투자유치, M&A, 상장을 위해서도 반드시 핵심기술에 대해 해외특허를 확보해야 한다. 원천기술을 확보한 글로벌 지향 회사라면 더더욱 그렇다.

02
해외 출원 = 국제출원(PCT)?

앞에서 설명했듯 특허는 국가별로 효력이 발생한다. 그럼 국가별로 특허를 확보하기 위한 해외 출원이 PCT 국제출원만 유일할까? 그렇지 않다. 해외 출원하는 방법은 크게 2가지로 나뉜다.

하나는 전통적인 해외 출원 방법이다. 특허를 확보하려는 국가에 각각 개별적으로 특허를 출원하는 방법이다. 비즈니스 계획상 미국과 중국에 진출할 예정이라면 미국과 중국 각각에 출원을 하고 각 국가 특허청에서 심사를 받는다. 보통은 국내 출원을 하고 1년 내 미국과 중국에 출원을 한다.

다른 하나는 PCT 국제출원이다. 한 번의 출원으로 약 150개 국가에 출원한 효과가 있다. 각국에 일일이 출원하는 행위를 간편하게 대체할 수 있다. 보통은 국내 출원을 하고 1년 내 PCT 국제출원을 한다. 다만 각 국가에 출원한 효과만 발생할 뿐 특허 등록을 받기 위해서는 각 국가에서 심사를 받아야 하는 것은 마찬가지다. 심사를 받기 위해서는 국내 출원일을 기준으로 통상 30개월 내 심사를 받고자 하는 국가를 선별하여 그 국가 언어로 된 번역문을 제출해야 한다. 전문용어로 '국내단계(national stage)진입'이라고 한다. 해외 출원과 대비하여 한국 출원을 국내 출원이라고 할 때의 '국내'와는 다른 의미다. 특허를 받고자 하는 그 국가 기준에서 국내 단계라고 이해하면 된다.

그러면 전통적인 해외 출원 방법과 PCT 국제출원을 어떤 기준으로 선택해야 할까? 해외 출원 여부는 국내 출원일로부터 10~11개월쯤에는 결정해야 한다. 1~2개월 정도의 준비기간을 염두에 둔 것이다. 만약 그 시점에 특허를 확보하고자 하는 국가가 명확하다면 전통적인 해외 출원 방법이 바람직하다. 그러나 중장기적으로 해외 비즈니스 계획이 있기는 하지만 아직 막연하고 어느 나라에 진출할지도 결정하지 못한 상태라면 PCT 국제출원이 바람직하다. 한 스타트업 대표와 대화를 나누다 우연히 특허 얘기가 나왔다. 아시아 진출을 생각하지만 아직은 구체적으로 어느 나라에 진출할지 결정하지 못해서 해외 출원을 접었다고 한다. 바로 이런 경우에 PCT 국제출원을 하는 것이다. 그 대표도 설명을 듣고는 부랴부랴 국제출원을 진행했다. PCT 국제출원의 개념을 정확히 이해하지 못한 것이다.

전통적인 해외 출원 방법과 PCT 국제출원을 선택하는 기준은 좀 더 있다. 그러나 단 하나, 해외 출원 결정 시점에 해외 비즈니스 계획이 얼마나 구체적인지 그에 따라 선택해야 한다는 것만은 정확히 알아두기 바란다.

03
국내 특허가 있으면
아무 때나 해외 출원해도 된다?

국내 출원을 한 후 10개월쯤 되면 '해외 출원을 1년 내 어쩌고 저쩌고' 하는 안내 서류를 받는다. '1년이 그렇게 중요한가? 바쁜데 좀 더 있다가 생각해보지 뭐' 할 수 있다. 하지만 몇 개월만 방심하면 그 기한은 훌쩍 지나버린다. 해외 출원할 때 왜 1년이라는 숫자가 중요한지 살펴보자.

국내 출원일로부터 1년 내 해외에 특허 출원을 하면서 '우선권'이란 것을 주장할 수 있다. 국내 출원일이 2018년 2월 1일이라고 할 때 미국과 중국에 2019년 2월 1일 특허 출원을 하면서 우선권을 주장하면 미국과 중국 특허 출원일이 2019년 2월 1일 아닌 2018년 2월 1일로 인정받는다. 전문용어로 '출원일 소급효'가 발생한다. 그런데 깜빡하고 2019년 2월 1일을 지나버렸다. 그러면 미국과 중국에 특허 출원을 할 수 없을까? 할 수는 있다. 다만 2018년 2월 1일로 출원일이 앞당겨지는 효과가 없다. 우선권이 인정되지 않기 때문이다. 우선권은 최초 출원일로부터 1년 내에만 행사할 수 있는 권리다. 하루라도 지나면 행사할 수 없다. 그래서 2019년 2월 2일에 미국과 중국에 특허 출원을 하면 미국과 중국 특허 출원일은 2019년 2월 2일이 된다. 2019년 2월 1일에 출원할 때는 2018년 2월 1일에 출원한 것으로 봐주는데 하루 차이인 2019년 2월 2일에 출원하면 그대로 2019년 2월 2일에 출원한 것으로 본다.

출원일이 늦춰지면 무슨 불이익이라도 생길까? 당연히 생긴다. 국내 출원일과 미국 및 중국 출원일 사이에 다른 사람이 출원을 하거나 공개된 자료가 있다면 특허를 받기 어렵다. 우리나라뿐만 아니라 미국이든 중국이든 특허요건을 판단할 때는 출원시점(소급효가 발생하면 소급된 시점)을 기준으로 하기 때문이다. 그러므로 해외 출원을 할 때 '1년'이라는 숫자는 매우 중요하다.

PCT 국제출원도 마찬가지다. 국내 출원을 기초로 PCT 국제출원을 하는 경우에도 '1년'이라는 숫자는 정말 중요하다. 국내 출원일로부터 1년 내에 PCT 국제출원을 하면서 우선권 주장을 해야 국제출원일 역시 소급효가 발생하기 때문이다.

바쁘다는 핑계로 잊어버리고 있다가는 해외 출원을 놓칠 수 있다. 특허사무소가 따라다니면서 계속 리마인드를 해줄 수는 없다. 1년이라는 기한을 꼭 기억하자.

엄청난 해외 출원 비용, 낮출 수 없을까?

단순히 PCT 출원을 통하든 개별국에 직접 출원하든 특허를 받기 위해서는 각 개별국에서 심사를 받아야 한다. 이러한 과정 때문에 국가별로 1,000만~2,000만 원의 비용이 발생한다. 기업 입장에서는 상당히 부담되는 비용이다. 해외 출원 역시 싸게만 진행하려고 했다가는 큰 낭패를 볼 수 있다. 번역 품질이 형편없어 특허를 받기 어렵다든지, 특허를 받았지만 장식용 특허로 남을 수 있기 때문이다. 다만, 합리적으로 비용을 컨트롤할 수 있는 방법은 있다.

해외 출원을 위해 먼저 국문 명세서를 기초로 번역한다. 국문 명세서를 처음부터 번역에 적합하도록 작성했다면 다행이지만 그렇지 않은 경우 번역에 적합하도록 손질을 할 필요가 있다. 또 출원료나 심사청구료 등 관납료와 관련하여 국가별로 기본료에 포함된 청구항 개수가 다르다. 예를 들어 미국은 20개(독립항 3개 포함), 유럽은 15개, 중국은 10개다. 또한 청구항 기재 방법에 따라 관납료가 달리 산정될 수도 있다. 그래서 해외 출원 실무에 밝은 변리사가 각국 실무에 맞게 국문 명세서부터 손질한 후 번역을 진행하는 게 좋다.

번역도 해외 현지 대리인에게 직접 의뢰하면 비용이 감당하기 어려울 정도로 많이 나올 수 있다. 따라서 특허사무소가 내부인력이나 외부 번역업체를 통해 초벌 번역을 하고 해외 출원에 밝은 변리사가 리뷰를 한 후 해외 대리인이 청구항 중심으로 리뷰를 하면 비교적 합리적인 비용으로 번역을 진행할 수 있다.

해외 출원 과정에서는 심사관의 거절이유가 발생한다. 그런데 현지 대리인에게 거절이유를 분석하여 의견서와 보정서 안을 작성하라고 하면 엄청난 비용을 요구해 까무러칠 것이다. 더군다나 분석이 엉뚱하게 이루어지는 경우도 종종 있다. 기본적으로 국내 변리사가 거절이유를 분석해 클라이언트와 협의하여 대응안을 만들어 현지 대리인에게 지시하는 것이 바람직하다. 거절이유의 대부분을 차지하는 신규성 및 진보성 이슈라면 특히 그렇다. 현지 대리인의 분석 코멘트는 변리사가 클라이언트와 협의하여 필요한 경우에 한해 진행하는 것이 바람직하다.

거절이유는 여러 번 나올 수 있다. 미국 실무의 경우 요즘 이런 경향이 짙은데, 클라이언트 입장에서는 비용이 계속 발생해 부담이 된다. 심하게는 고의로 사건을 지연시킨다고 의심할 수도 있다. 이 정도면 신뢰가 깨진 경우라서 바람직하지 않다. 제대로 된 변리사라면 단순히 돈을 더 벌기 위해 불필요하게 등록을 지연시키지 않는다. 청구항을 길게 보정해서 단숨에 등록시켜버릴 수도 있다. 이렇게 하는 게 변리사 입장에서는 오히려 성사금을 빨리 받고 좋을 수도 있다. 거절이유가 계속 발생해 사건이 지연되더라도 가능한 한 더 좋은 특허를 받기 위한 과정에서 불가피하게 발생하는 것임을 믿어야 한다. 사건 진행 과정에서 변리사와 클라이언트가 충분히 상의해 진행한다면 믿음이 쌓일 것이다.

한국 출원이나 미국 출원의 심사를 먼저 진행해 특허를 받고 중국이나 유럽 특허 출원은 심사를 늦추는 편이 유리하다. 특히 심사 속도가 비교적 빠른 한국 출원이나 미국 출원의 등록결정서 내지 특허가능통지서를 받아 다른 국가의 특허청에 제출해 우선심사를 신청하는 게 좋다. 전문 용어로 '특허심사하이웨이(PPH; Patent Prosecution Highway)'란 제도인데, 비용도 절약할 수 있고 등록 가능성도 높아진다.

해외 출원은 무엇보다 신뢰할 수 있는 경험 많은 변리사와 함께하는 게 중요하다.

상호를 등록했는데 상표도 받아야 할까?

2017년 8월 2일자 주간동아에 토종 1호 소셜 커머스 창립자 신현성 티몬 이사회 의장의 인터뷰 기사가 실려 있다. 사업을 하면서 특히 힘들었던 에피소드를 묻는 기자의 질문에 신 의장은 상표 이야기를 꺼냈다. 티켓몬스터 서비스를 오픈하고 며칠 지나 상표 출원을 하려 했더니 그 사이 경쟁사가 먼저 티몬을 상표 출원하여 티몬 상표를 확보하기 위해 소송 등 무척 애를 먹었다는 것이다.

사건을 좀 더 살펴보자. 티켓몬스터는 2010년 5월 10일 사이트를 오픈하면서 2010년 5월 25일자로 '티켓 몬스터', 'Ticket Monster', '티몬', 'TMON' 문자를 상표 출원했다. 문제는 D사가 티켓몬스터와 티몬 도형복합 상표를 2010년 4월 29일과 5월 11일에 먼저 출원해 선점한 것이다. D사는 이 상표를 기반으로 티켓몬스터에 상표 사용에 대한 경고장을 보낸다. 티켓몬스터는 2010년 8

월 16일 홈페이지를 통해 D사의 지나친 요구로 합의에 실패해 티켓몬스터 명칭과 티몬 캐릭터를 더 이상 사용할 수 없게 되었다고 알린다. 이후 불행 중 다행으로 극적인 타결이 이루어져 D사의 상표가 2010년 10월 28일 티켓몬스터에 양도되고, 티켓몬스터 명칭과 티몬 캐릭터를 계속 사용할 수 있게 된다. 불과 5개월 동안 벌어진 일이다. 잘 해결됐지만 그 과정에서 신현성 대표가 얼마나 마음 졸였을지 짐작 가고도 남는다.

상호와 무관하게 브랜드를 론칭할 때는 당연히 이를 보호하기 위한 조치를 찾게 되고 상표 출원을 진행한다. 그런데 상호나 이와 비슷한 브랜드를 론칭할 때는 상대적으로 브랜드 보호 조치를 소홀히 할 수 있다. 상호가 있는데 설마 영업하는 데 무슨 문제가 있을까 생각한다. 이는 상호와 상표의 차이점을 구분하지 못한 데서 생긴다. 상호는 시·군 등 관할 행정구역 내에서 자신의 상호와 동일한 상호를 사용하지 못하게 할 뿐이다. 따라서 유사한 상호를 사용하는 것을 막지 못한다. 또한 관할 행정구역 밖에서 동일한 상호를 사용하는 것도 막지 못한다.

반면에 상표권은 전국에 걸쳐 자신의 상표와 동일하거나 유사한 상표를 사용하지 못하게 한다. 상호보다 훨씬 강력하고 광범위한 브랜드를 보호할 수 있는 것이다. 따라서 온라인 쇼핑몰이나 프랜차이즈처럼 동네 자영업 차원이 아니라 전국에 걸쳐 영업을 하는 경우에는 반드시 상표권을 확보해야 한다. 동네 자영업을 하는 경우라도 타인의 상표권과 저촉되면 간판을 내려야 할 수도 있으므로 주의해야 한다.

상표 역시 하루라도 먼저 출원한 사람에게 부여된다. 그러므로 영업개시 이후가 아니라 브랜드 네이밍 단계에서 서둘러 출원해야 한다. 아울러 상호는 문자 형태만 가능하지만 상표는 기호, 문자, 도형, 소리, 냄새, 입체적 형상, 홀로그램, 연속된 동작, 색채와 이들 간의 결합 등 매우 다양한 형태로 보호가 가능하다는 점을 알아두기 바란다. 티몬 캐릭터 상표도 도형 내지 도형 결합에 해당하는 상표다.

그런데 상표를 사용할 의사가 없으면서도 상표를 확보하여 상표 사용료를 받아내려는 경우도 있다. 이에 대해서는 다양한 법적 조치를 취할 수 있다. 따라서 무조건 거액의 사용료를 주고 끝내지 말고 변리사와 상의하여 적절한 법적 조치를 강구하면서 합의를 시도하라. 사용료를 훨씬 줄이거나 경우에 따라서는 사용료를 지급하지 않을 수도 있다.

02
상표는 지정상품도 중요하다

'직방'과 '다방'은 대표적인 부동산중개 앱 서비스다. 둘 다 인기 최고 여자 연예인을 투입하여 브랜드 이미지를 구축하고 있다. 그런데 이 두 업체가 2년에 걸쳐 치열한 법적 공방을 벌였다. 상표권 분쟁 때문이었다. 어떤 사건인지 살펴보자.

스테이션 3는 2014년 2월 7일 'DABANG'과 도형의 결합 상표를 출원한다. 상표는 반드시 사용할 상품도 함께 지정해야 한다. 이때 스테이션 3는 금융 또는 재무에 관한 정보제공업 등을 상품으로 지정해서 출원한다. 부동산중개 앱 서비스와는 잘 맞지 않는 상품이다. 이를 뒤늦게 알았는지 스테이션 3는 2014년 11월 17일 동일한 상표를 컴퓨터 소프트웨어 등을 상품으로 지정해 출원하고, 인터넷을 이용한 부동산정보제공업 등에 대해서도 출원을 한다.

직방은 직방 상표 외에 브랜드 확장 차원에서 '다방', '꿀방'을 2014년 5월 29일 출원한다. 특히 다방과 관련하여 처음부터 인터넷을 이용한 부동산정보제공업 등에 대해 출원하고, 컴퓨터 소프트웨어 등에 대해서도 출원한다. 직방은 컴퓨터 소프트웨어 기반의 다방 상표를 기초로 2015년 4월 다방을 공격하기 시작한다. 상표권 침해금지 가처분 신청을 제기한 것이다. 이 건은 대법원까지 가는 공방 끝에 스테이션 3가 2016년 12월 승소했다.

한편, 스테이션 3는 자사를 공격하는 데 사용된 상표에 대해 무효심판을 제기하면서 반격한다. 이 역시 대법원까지 가는 공방 끝에 스테이션 3가 2017년 4월 승소했다. 아울러 스테이션 3는 직방의 인터넷을 이용한 부동산정보제공업 기반 다방 상표에 대해서도 무효심판을 제기해 2017년 7월 무효를 시킨다. 이로써 분쟁은 종결된다.

2년여에 걸친 직방과 다방의 분쟁은 다방의 승리처럼 보인다. 직방의 침해금지가처분을 모두 막아냈고, 직방이 보유한 다방상표 2개를 모두 무효시켰으니 말이다. 하지만 나는 이 분쟁을 좀 다르게 보고 싶다. 스테이션 3가 처음에 다방 상표를 출원할 때부터 인터넷을 이용한 부동산정보제공업과 컴퓨터 소프트웨어를 지정상품으로 하여 출원했다면 이런 분쟁은 애초에 발생하지도 않았다. 직방의 다방 상표가 처음부터 등록될 수 없기 때문이다.

스테이션 3의 최초 출원을 보면 대리인이 없다. 변리사 없이 직접 상표 출원을 한 것이다. 아마도 당시 스테이션 3는 배고픈 스타트업 입장이어서 단 한 푼이라도 아끼려고 했을 것이다. 그러다보니 지정상품을 정확히 선정하지 못한 것이다. 몇 달 후 대리인을 선임하면서 보완을 시도했지만 그 사이에 이미 직방의 다방 출원 조치가 있었다. 이로 인해 스테이션 3는 자칫 상표를 사용하지 못할 수 있다는 불안감과 함께 2년여 동안 소송에 시달렸다. 직방은 소송비 외에 별로 잃을 게 없었다. 상대를 견제하면서 비즈니스에 충실할 수 있었다.

상표는 간단하게 보여서 '나홀로 출원'을 꽤 한다. 그러나 간단하다고 하여 반드시 쉬운 것이 아니다. 스테이션 3는 이 분쟁을 겪으면서 상표의 중요성을 크게 깨달았을 것이다. 다방 관련상표를 다양한 지정상품에 꾸준히 확보하며 60여 개의 상표 포트폴리오를 형성하고 있으니 말이다. 이제는 오히려 직방보다 훨씬 큰 상표 포트폴리오를 보유하고 있다. 아픈 만큼 성숙해지고, 위기를 기회로 잘 이용하고 있다.

03
디자인 출원도 필요할까?

디자인은 권리가 협소해서 조금만 변형해도 보호가 안 된다는 인식이 강하다. 미국에서도 이런 이유로 디자인 출원이 인기가 없었다(미국에서는 우리나라와 달리 디자인에도 특허라는 말을 붙인다. 그러나 디자인 특허 출원이 더 정확한 표현이다). 그런데 이를 바꾼 사건이 있었다. 바로 세기의 분쟁인 애플과 삼성전자의 특허 분쟁이다.

2011년 4월 애플은 3개의 발명 특허, 4개의 디자인 특허를 가지고 미국 캘리포니아주 북부지구 지방법원에 삼성전자를 제소했다. 이렇게 시작된 분쟁은 10개국 60여 건의 소송으로 확전되었다. 여기서 눈여겨볼 사항은 디자인 특허가 분쟁의 핵심 무기로 사용되었다는 점이다. 2심을 통해 삼성전자에 부과된 손해배상액은 발명 특허가 1억 4,900만 달러인 반면 디자인 특허가 무려 3억 9,900만 달러였다. 물론 3억 9,900만 달러는 줄어들 분위기였다. 2016년 12

월 연방대법원이 디자인 특허 손해배상액이 지나치다는 취지로 사건을 파기 환송했기 때문이다. 그렇더라도 이 사건은 디자인 특허가 발명 특허 못지않은 가치를 가지고 있다는 것을 보여주었다. 따라서 디자인권을 적절히 확보하려는 노력이 필요하다.

그렇다면 어떤 것이 디자인권의 보호대상이 될까? 디자인권은 물품의 형상, 모양, 색채 또는 이들의 결합을 보호대상으로 한다. 삼성을 괴롭힌 애플의 디자인 특허는 스마트폰의 둥근 모서리나, 검은 화면에 아이콘이 16개 배치된 UI/UX에 관한 것이었다. 이처럼 디자인권은 스마트폰, 의류, 신발, 액세서리 등의 외관뿐만 아니라 물품을 특정한 캐릭터나 화상디자인도 보호대상이 된다. 글자체도 디자인의 보호대상이 될 수 있다. 디자인은 등록이 되면 특허와 마찬가지로 출원일로부터 20년간 보호된다.

디자인권자는 등록 디자인 또는 이와 유사한 디자인에 대해 독점배타적인 권리를 갖는다. 이처럼 디자인권은 유사한 디자인에까지 효력이 미치는데, 더 넓은 범위에서 권리보호를 받을 수도 있다. 그것은 바로 부분 디자인 제도를 활용하는 것이다. 스마트폰을 예로 들면 스마트폰의 홈 버튼, 스피커 부위, 전원 버튼, 모서리 형태 각각에 대해서 권리를 부여받는 것이다. 스마트폰 외관 전체는 다르더라도 홈 버튼이나 전원 버튼 등 부분 디자인이 동일하거나 유사하다면 침해가 성립하므로 훨씬 강력한 보호를 받을 수 있다.

디자인은 심사결과를 받기까지 8~10개월 정도 소요된다. 하지만 특허처럼 우선심사 신청을 통해 신속히 심사결과를 받아볼 수 있다. 또 의류, 패션잡화용품, 시트직물류, 사무용품 등 특정 물품의 경우 라이프 사이클이 짧은 점을 고려하여 심사를 일부 생략함으로써 평균 3개월 내외에 신속히 등록할 수 있다.

디자인도 특허처럼 제도가 복잡하다. 그러므로 니즈에 맞게 전략적인 접근을 해야 한다.

내 특허 제품이라도
남의 특허를 침해할 수 있다

"변리사님. 제가 개발한 제품이 있는데요, 그리 대단한 기술은 아닌 듯한데 주위에서 특허를 받지 않으면 침해소송을 당할 수 있다고 하네요. 그래서 특허 출원을 하려고요."

"변리사님. 침해 경고장을 받았습니다. 어이가 없네요. 제가 이 제품 특허도 가지고 있는데 침해라니, 말이 됩니까?"

이따금 듣는 얘기다. 이 두 사람은 특허의 특성을 잘못 이해하고 있다. 특허는 독점배타권을 갖는다. 특허권자만이 특허받은 발명을 실시할 수 있고, 제3자는 실시할 수 없다. 여기서 발명을 실시한다는 말은, 물건의 발명이라고 치면 그 물건을 생산하거나 사용하거나 판매 등을 하는 것이다. 방법의 발명이라고 치면 그 방법을 사용하는 것이다. 그러나 주의해야 할 점은 특허와 제품이 일반적으로 일대일 대응 관계가 아니라는 것이다.

제품에는 보통 여러 개의 특허가 구현된다. 스마트폰에는 수만

개의 특허가 녹아들어가 있다. 엄청난 수의 특허가 스마트폰 제품에 구현되어 있는 것이다. 생각해보라. 스마트폰에는 카메라 관련 기술, 배터리 제어 관련 기술, UI/UX 관련 기술, OS 관련 기술 등 여러 가지 기술이 필요하다. 각각의 기술에 대해서도 다양한 특허들이 존재한다. 이처럼 제품에는 여러 개의 특허가 존재하는 게 일반적이다. 간단한 제품이더라도 딱 하나의 특허만 있지 않다는 것이다.

제품에 구현된 여러 개의 특허를 모두 한 업체에서 보유하기는 어렵다. 특허권이 여러 업체에 분산돼 있다. 어떤 제품에 자신의 특허 기술이 구현되어 있더라도 타인의 특허 역시 구현되어 있다. 따라서 자신이 특허 받은 제품이라도 남의 특허를 침해할 수 있다. 특허를 받았다는 것이 제품에 대해 자유로운 실시를 보증하는 게 아니라는 말이다. 제품을 대량 생산하기에 앞서 침해될 만한 특허가 없는지 조사해봐야 하는 이유다.

그러나 제품에 여러 특허가 관련된다고 해서 모두 조사할 필요는 없다. 예를 들어 스마트폰을 제조하는 업체라면 카메라 부품에 대한 특허를 굳이 조사하지 않아도 된다. 카메라 부품을 구매해서 장착한 것이기 때문이다. 카메라 부품 제조사가 보유한 특허는 카메라 부품 구입 업체에 특허 효력이 미치지 않는다. 전문용어로 '특허 소진론'이라고 한다.

또한 카메라 부품을 구입할 때 일반적으로 카메라 부품 판매자에게 침해 보증을 시킨다. 카메라 부품과 관련해서 특허분쟁이 발생하면 카메라 부품 판매자가 책임지라는 뜻이다. 따라서 부품을 구매하지 않고 자체적으로 사용한 기술 중에서 혹시 타사의 특허를 침해하지 않은지 조사하면 된다.

이러한 일은 회사 자체적으로 하기는 매우 어려운 일이다. 그러므로 이러한 이슈가 있다는 정도만 이해하고 실전에서는 변리사와 긴밀히 공조해서 진행하는 것이 바람직하다.

02
경고장을 받았는데 어떻게 하지?

　　　　　사업을 하다보면 침해 경고장을 받을 때가 있다. 그렇다면 당신의 사업이 업계에서 어느 정도 자리를 잡아가고 있거나 잡았다는 신호다. 경쟁사가 아무런 위협도 안 되거나 라이선스료를 받아낼 만한 규모도 아닌 회사에 경고장을 보내는 경우는 드물기 때문이다.

　경고장에는 대개 무시무시한 표현들이 들어 있다. 언제까지 생산·판매 등 침해행위를 중지하고 제품 및 설비를 폐기하지 않으면 민·형사상 조치를 취하겠다는 등의 문구를 읽다보면 바짝 긴장하게 마련이다. 이때 해야 할 것은 단 한 가지다. 경고장에 함부로 답변을 보내거나 무시하지 말고 일단 분쟁 대응 경험이 풍부한 변리사와 상의하는 것이다. 부적절한 초기 대응을 하면 쉽게 풀 수 있는 문제도 꼬이게 되고, 자칫하면 풀기 어렵게 될 수도 있다.

　경고장 대응은 변리사와 긴밀히 협의하여 차근차근 진행하면 된다. 일단 경고장을 자세히 검토한다. 경고장 검토만으로 문제가 해결되는 경우도 상당하다. 예를 들면 특허 등록이 되지 않은 상태, 즉 특허 출원 상태에서 경고장을 보내는 경우가 있다. 특허 출원 상태에서도 일정 조건을 만족하면 보상금청구권이 발생하지만 특허 등록 이후에만 행사할 수 있다. 특허 출원이 심사 과정에서 등록되지 않을 수 있으니 조급해할 필요가 없다. 실제 보상금청구권이 행사된 예를 찾아보기도 힘들다. 그리고 어디까지나 보상금을 청구할 수 있을 뿐 특허 출원 상태에서는 생산·판매 등을 금지시키고 설비를 폐기시키거나 침해죄로 고소할 수는 없다.

그런데 경고장의 침해 주장을 살펴보면 침해 기본 법리에도 전혀 맞지 않게 횡설수설한 경우가 꽤 있다. 침해 판단의 가장 기본 법리인 구성요소 완비의 법칙 기억나는가? 기억이 잘나지 않으면 '군더더기들이 좋은 발명을 망친다' 파트로 되돌아가 읽어보기 바란다. 구성요소 완비의 법칙을 언급하며 한 수 가르쳐 주고, 더 괴롭히면 법적 조치를 할 수 있다고 간단히 내용증명을 보내면 꼬리를 내리기도 한다.

그러나 경고장을 나름 정교하게 작성하는 경우도 있다. 주장도 일리가 있어 보인다. 이럴 땐 변리사가 침해 가능성을 상세히 검토해야 한다. 구성요소완비의 법칙 외에 균등론, 포대금반언의 원칙, 자유기술의 항변 등 다양한 침해 판단 법리가 적용된다. 지금 이 법리들을 알 필요는 없다. 변리사가 침해 가능성을 검토하면서 자세히 설명해줄 테니까.

만약 불행히도 침해 가능성이 어느 정도 있다고 판단되면 다양한 대책을 강구해야 한다. 참고로 침해 가능성은 침해된다, 안 된다 같은 이분법 논리가 성립하지 않는다. 디지털보다는 아날로그에 가깝다. 대책으로 먼저 무효 가능성을 검토해서 무효심판을 제기할 수 있다. 비침해 논리를 개발하여 자신의 제품이 특허권의 권리 범위에 속하지 않는다는 취지의 심판을 제기할 수도 있다. 상대방이 먼저 침해소송을 제기해 오면 비침해와 무효 논리로 방어할 수도 있다. 소송을 하지 않고 협상을 통해 라이선스 계약을 할 수도 있다. 물론 소송을 병행하면서 협상을 진행하다가 소송 취하를 할 수도 있다.

자신이 보유한 특허 중에 상대방을 역으로 공격할 만한 게 없는 지 찾아본 후 만약에 발견되면 상대방에게 역으로 소송을 제기할 수도 있다. 애플이 삼성을 먼저 공격했지만 삼성도 보유한 특허로 애플에 반격한 예를 봤을 것이다. 보유 특허 중에 마땅한 게 없다 면 외부에서 특허를 매입해서 활용할 수도 있다. 물론 매입한 특허 를 상대에게 소송으로 역공하는 데만 쓸 수 있는 건 아니다. 라이 선스료를 깎고 크로스라이선스를 하는 데 활용할 수도 있다.

이런 작업들은 시간이 꽤 걸린다. 경우에 따라 돈을 좀 더 지불 하더라도 빨리 분쟁을 마무리짓고 사업에 전념하는 게 이득일 수 있다. 기업이 처한 상황에 따라 경영적 판단을 해야 한다. 실제로 한 중견기업이 LED 분야 글로벌 기업과의 분쟁을 하던 중 내가 있 던 특허관리 전문기업으로부터 특허 매입을 추진하다가 이런 이유 로 중단한 경우도 있었다.

분쟁 대응은 상대가 경쟁사로서 시장 퇴출 목적인지 아니면 라이선스료를 받기 위한 목적인지, 국내 기업의 공격인지 해외 기업의 공격인지에 따라 대응방법이 다르다. 예를 들어 미국에서 소송 대응을 하려고 치면 수십억 원의 소송비용을 감수해야 한다. 국내 소송보다 10배 이상 든다. 중소기업이 미국 기업의 공격을 받는다면 국내 기업에 비해 소송 대응보다는 합의를 통한 해결 방안에 더 무게를 두어야 한다.

분쟁 대응 전략은 자세히 알아두면 좋을 것이다. 하지만 지금 당장 아는 것 같아도 시간이 지나면 잊어버리게 마련이다. 분쟁을 자주 겪지는 않기 때문이다.

분쟁에 휩싸이면 혼자 해결할 수도 없고, 그렇게 하려고 해서도 안 된다. 암이 의심되는데 자신이 직접 진단하고 치료하겠다고 하면 될까? 감기만 주로 다루는 동네 의사를 찾아가서도 안 된다. 당신이 해야 할 일은 암 진단과 치료 경험이 풍부한 의사를 찾아가는 것이다.

03
경쟁사가 우리 제품을 모방하는데
어떻게 하지?

많은 리소스를 투여해서 개발한 제품을 경쟁사가 베끼기 시작하면 특허권자 입장에서는 여간 속상한 게 아니다. 그렇다고 감정에 휩싸여 경고장을 보내고 소송을 제기해서는 안 된다. 오히려 더 큰 문제가 발생할 수 있다.

경쟁사가 제품을 베꼈다고 생각되면 먼저 분쟁 경험이 풍부한 변리사에게 경쟁사 제품이 자신의 특허를 침해한 게 정말 맞는지 검토 의뢰를 해야 한다. 침해라고 생각하지만 실제로는 침해가 성립하지 않는 경우가 많다. 특허권자는 보유한 특허의 권리범위를 실제보다 넓게 생각하는 경향이 있다. 또 침해법리를 정확히 모르기도 한다. 기술만 대충 비슷하다고 침해가 성립하는 게 아니다. 특허침해 사건만이 아니라 특허거래의 경우도 침해증거(EOU, Evidence of Use)가 있는지에 따라 가격차이가 매우 크다. 그러나 경험에 비추어보면 특허침해 사건이든 특허거래 건이든 애초에 침해가 성립하지 않는 경우가 더 많다. 특허권자의 환상이나 착각인 경우가 많다는 것이다. 따라서 침해가 발생한다는 생각이 들면 일단 그 증거를 가지고 변리사에게 의뢰해 침해 여부부터 판단해야 한다.

변리사의 검토 결과 침해 가능성이 높다고 판단되면 그다음은 변리사를 통해 무효 가능성을 체크한다. 누누이 설명하지만 등록 특허가 유효성을 보증하는 게 아니다. 분쟁 과정에서는 심사 과정보다 훨씬 더 가혹한 조사를 받는다. 그러니 무효자료를 충분히 검색하고 이를 기초로 무효 가능성을 검토한 후 무효 가능성이 낮다고 판단되면 이제는 비즈니스 전략상 어떤 방법을 선택할지 정한다. 적당히 압박하고 라이선스를 체결할지, 경쟁사를 시장에서 퇴출시킬지를 결정하는 것이다. 그런데 경쟁사를 퇴출하는 것은 경쟁사의 사활이 걸린 문제여서 분쟁이 훨씬 격해질 수 있으니 주의를 요한다.

경고장도 목적이 무엇인지에 따라 달리 작성한다. 라이선스 체결 목적에 맞게 대화와 협의를 유도하는 취지로 작성하거나, 퇴출목적에 맞게 제품 및 설비 폐기를 유도하는 취지로 작성할 수 있다. 물론 경고장을 반드시 보내야 하는 것은 아니다. 경쟁사에 대응할 여유를 주지 않기 위해 전략상 곧바로 소송을 제기할 수도 있다. 다만 경고장을 보내면 고의가 입증되므로 국내의 경우 침해죄 고소가 가능하다. 미국의 경우는 징벌적 손해배상에 따라 최대 3배의 배상금이 부과될 수 있다. 우리나라도 2019년 7월부터 적용된다. 경고장을 보낼 때도 침해 상대방만이 아니라 거래처에도 보내는 경우가 있는데, 이 경우에는 특히 더 주의해야 한다. 결과가 안 좋게 나올 경우 손해배상 이슈가 불거질 수 있기 때문이다.

소송은 경쟁사를 퇴출할 경우에만 제기하는 게 아니다. 라이선스를 체결해 라이선스료를 받고자 하는 경우에도 압박수단으로 소송을 한다. 거대한 특허 포트폴리오로 접근하지 않는 한 상대방이 쉽게 라이선스를 체결하지 않기 때문이다.

소송은 일반적으로 민사소송인 특허침해금지 가처분 신청을 많이 제기한다. 특허침해금지 및 손해배상 청구소송에 비해 속도가 빨라서 그렇다. 하지만 생각보다 장기화되는 경우도 있고 가처분 특유의 이슈도 있으므로 전문가와 잘 상의해서 진행해야 한다. 침해자 입장에서는 민사소송보다 형사소송이 심리적인 부담을 더 받을 수 있다. 이런 점을 고려해 침해죄로 고소하는 방안도 있다. 특히, 2019년 3월부터 특허청 공무원이 특별사법경찰로서 직접 침해죄 수사를 할 수 있게 되었다. 특허청의 전문성을 적극 활용해보는 것도 좋은 접근이다

소송과 별개로 특허심판원에게 침해혐의품이 특허의 권리범위에 속함을 확인해 달라는 심판을 제기할 수도 있다. 심판결과에 불복하면 특허법원, 대법원에서 다투게 된다. 이 심판결과는 특허침해 소송과는 별개의 건이지만 소송에서 유력한 증거로 사용할 수 있다. 아울러 소송이나 심판이 아닌 다른 형태로 분쟁을 해결하는 방법도 있다. '산업재산권 분쟁조정위원회'를 통해 당사자 간의 합의를 이끌어내는 것이다. 활성화되어 있지 않지만

비용과 시간을 크게 절약할 수 있다.

지금까지 설명한 것은 특허권자가 적극적으로 취할 수 있는 조치다. 그러나 반대로, 상대방의 역공도 당연히 염두에 두어야 한다. 대표적으로 특허권자의 특허를 무효시켜 달라는 심판과 침해혐의품은 특허의 권리범위에 속하지 않음을 확인해 달라는 심판이다. 이러한 심판도 불복 시에는 특허법원, 대법원에서 다 둘 수 있다. 그리고 민사소송까지 별개로 진행하면 여러 개의 사건들이 동시다발적으로 진행되면서 상당히 장기화될 수 있다. 따라서 분쟁시에는 이런 가능성을 염두에 두고 소송의 득실을 잘 따져봐야 한다. 아울러 대법원 판결을 통해 끝장을 봐야 한다는 고정관념에 빠져서도 안된다. 감정싸움에 빠질 게 아니라 비즈니스적 판단으로 적당한 협상을 통해 분쟁을 종결하는 게 가장 좋다.

미국에서 특허분쟁을 제기하는 것은 웬만한 중소기업은 엄두도 낼 수 없다. 분쟁을 팔로업하기도 어렵지만 수십억 원에 달하는 소송비용을 감당할 수 없기 때문이다. 다만 미국 특허를 통해 라이선스료를 받는 게 목적이라면 비용을 안 들이고 진행하는 방법도 있다.

미국에는 라이선싱 프로그램 전문가들이 상당수 활동한다. 성공보수금만 받고 소송을 하는 로펌들도 있다. 이들과 잘 연계한다면 비용부담 없이 특허 수익화가 가능하다. 나도 미국에서 베테랑으로 통하는 친구와 일을 해본 적이 있는데 특허만 좋다면 충분히 가능하다. 그 정도로 좋은 특허를 찾기가 오히려 더 어려울 뿐이다. 혹시라도 좋은 특허가 있는데 자금이 없어 방치하고 있다면 연락주기 바란다. 같이 작품 하나 만들어보자.

04
아이디어 탈취엔 어떻게 하지?

　　우리나라 특허분쟁 역사상 가장 처절한 혈투가 벌어진 사건이라면 중소기업 S사와 대기업 L그룹 간의 특허분쟁을 꼽고 싶다. 무려 15년에 걸친 분쟁으로서 관련 심판 및 소송을 모두 합치면 10건이 넘는다. 특허의 생명이 20년인 것을 고려하면 전무후무한 분쟁이었지 않을까 싶다. 이 사건은 각종 언론에서도 대대적으로 보도가 되었다.

　　특허는 긴급호출 서비스에 관한 것이다. 비상상황에 처한 사람이 긴급 버튼을 누르면 미리 입력해 놓은 연락처로 구조요청 문자가 전송되고, 위치 추적과 도청모드가 작동해 긴박한 현장 상황이 생중계되도록 하는 기술이다.

　　S사 대표는 아픈 경험을 기초로 이 기술을 개발해 2001년 9월

특허출원한 후인 2002년 5월과 2003년 4월 두 차례에 걸쳐 사업 협의차 L그룹을 방문해 기술설명 및 자료를 건네주었다고 한다. 그러나 L그룹은 S사의 동의 없이 2004년 해당 긴급 호출 서비스를 2004년 초 시작하면서 양사 간에 긴 특허분쟁이 시작된다. 이 혈투는 결국 S사의 패배로 막이 내린다. 1년 전쯤 S사 대표를 어느 국회 토론회에서 만났는데 상당히 낙담한 모습이 무척 안쓰러워 보였다.

기술적인 관점에서는 비슷해 보이더라도 특허 침해 여부 관점에서는 그리 간단하지 않다. 비전문가 입장에서는 심하게 보면 '말꼬리 잡기'처럼 비춰질 수 있겠지만, 심판부나 재판부는 청구항의 어구 하나 하나를 신중히 해석한다. 그러므로 비슷해 보이는 기술도 경우에 따라 특허 침해를 빗겨갈 수 있다. 소위 '회피설계'가 작동하는 것이다.

정황상 이 사건의 경우도 L그룹이 S사와 미팅해서 기술 설명을 듣고 특허를 세밀히 분석한 후 특허를 충분히 회피할 수 있다고 판단했을 가능성이 매우 높다. 즉 기본 아이디어는 얻되 특허로 보호되는 범위를 벗어나는 것이다. 사실 회피설계가 곤란할 정도로 뛰어난 특허는 그리 많지 않다. 대부분의 특허권자들은 자신이 발명한 실시 예가 명세서에 잘 기재되고 이 정도만 보호범위를 갖도록 특허 등록돼도 충분히 만족해한다. 대리인도 이 이상의 것을 해주기 위해서는 리소스를 더 많이 투입해야 하는 현실적 어려움이 있다. 실사 리소스를 많이 투입하더라도 특허확보 과정에서 모든 경우의 회피설계를 예상하기도 어렵다.

어쨌든 S사처럼 기본 아이디어를 제공하고도 아무런 대가조차 받지 못할 경우 억울할 수밖에 없다. 뒤늦게나마 이런 사례를 보호하도록 최근 법제도가 강화되었다. 이제는 사업제안, 입찰, 공모 등 거래 교섭과 그 과정에서 경제적 가치를 가지는 기술적·영업상의 아이디어가 포함된 정보를 부정하게 사용할 경우 부정경쟁행위로 판단해 민사적 조치가 가능하다. 그뿐만 아니라 특허청에 신고하면 특허청조사부가 부정경쟁행위로 판단 시 시정권고 명령을 취할 수 있다. 도입된 지 반년 만에 30여 건의 신고가 있을 만큼 소송에 비해 시간과 비용 측면에서 유리하고 실효성이 높은 편이므로 잘 활용할 필요가 있다.

05
손해배상액이 3배 늘어날 수 있다?

조성된 지 좀 오래된 아파트 단지는 요새 주차난이 심각하다. 평행주차에 이중주차는 기본이다. 내가 살고 있는 아파트 단지도 그렇다. 가벼운 접촉이야 그러려니 하고 넘어간다. 그런데 두세 달 간격으로 세 번이나 차가 꽤 긁힌 적이 있었다. 가해 차량을 찾기도 쉽지 않았다. 소위 '주차 뺑소니'를 당한 것이다. 이런 주차 뺑소니가 넘쳐나는 이유가 무엇일까? 그것은 바로, 가해자는 걸리면 그때 수리비 실비만큼만 물어줘도 되기 때문이다. 걸리지 않을 확률도 상당히 있으니 양심만 저버리면 굳이 미리 물어 줄 이유가 없다고 할까.

이런 주차 뺑소니가 특허 사건에서도 일어난다. 침해자가 특허권을 침해했다고 법원에서 인정되더라도 그때 가서 손해액만큼 실비로 지불하면 되기 때문이다. 더군다나 특허권자가 침해사실을 모르고 그냥 지나갈 수도 있고, 법적 다툼을 통해 특허가 무효되거나 비침해로 판단될 가능성도 있다. 그리고 손해배상액 산정 관련해서 우리나라 법원이 보수적인 성향을 띠고 있는 것까지 고려하면 더더욱 그렇다. 침해자는 '합리적인(?) 선택'을 한 것이다.

통계에 따라 좀 차이가 있지만 특허 손해배상액 평균이 미국 65억~102억 원, 한국 6000만~7800만 원으로 알려져 있다. 경제 규모를 따지더라도 한국 특허의 손해배생액이 터무니 없이 낮다. 그래서 특허 무용론 얘기가 나오곤 한다. 미국은 특허권자를 보호하고 무분별한 특허침해를 막기 위해 고의로 침해한 경우 손해배상액을 최대 3배까지 증액할 수 있는 제도가 있다. 전문 용어로 '징벌적 손해배상'이라고 불린다.

1년 전 특허 침해 관련해 어느 국회토론회에 패널로 참석한 적이 있다. 나는 우리나라의 현실을 고려할 때 고의 침해 시 손해배상액을 최대 3배가 아니라 10배까지 증액할 수 있도록 하자고 주장했다. 중소기업부도 며칠 후 이러한 정책을 추진하겠다고 발표했다. 아쉽지만 현실은 최대 3배 증액으로 2019년 7월부터 법이 발효된다. 그러나 이것만도 엄청난 결과물이다. 도입되는 데 무려 20년 넘는 시간이 걸렸으니 말이다.

특허권자는 이제 더욱 더 좋은 특허를 확보할 필요가 있다. 좋은 특허라면 더욱 더 힘을 발휘할 수 있는 환경이기 때문이다. 역으로 제품과 서비스를 론칭하는 입장에서는 사전에 경쟁사의 특허를 잘 분석해야 한다. 이슈가 될 만한 특허에 대해서는 변리사로부터 무효 및 비침해 의견서를 받아두는 것이 바람직하다. 이런 의견서는 향후 고의 여부를 판단할 때 중요하게 고려될 수 있기 때문이다.

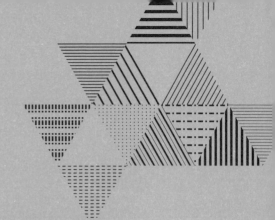

chapter 3
특허, 이것도 알면 더 좋다

01
특허 포트폴리오는 왜 구축할까?

국내 벤처기업 중에서 세계적인 기업으로 성장할 수 있었음에도 사라져버린 기업을 하나 들자면 엠피맨닷컴이 아닐까 싶다. 본래 디지털캐스트라는 회사였던 엠피맨닷컴은 1998년 MP3 플레이어를 세계 최초로 개발해 시판함으로써 시장에서 엄청난 반향을 일으켰다.

그러나 엠피맨닷컴은 아쉽게도 오래가지 못했다. MP3 플레이어 관련 원천 특허는 국내 특허는 분쟁을 거치며 소멸했고, 미국 특허는 해외 NPE(Non-Practicing Entity)에 팔려 국내 기업을 공격하는 데 사용되었다. 좀 과장된 면이 있지만 국가지식재산위원회는 엠피맨닷컴이 특허 관리를 잘못함으로써 약 3조 원의 로열티 수익을 날렸다고 평가했다.

엠피맨닷컴이 오래가지 못한 이유는 여러 가지다. 기술개발에만 몰두하고 디자인이나 마케팅에 소홀히 한 점이 있고, 새한정보 시스템과의 전략적 제휴가 매끄럽지 못한 점도 있다. 적기에 투자 유치를 하지 못한 점도 있다. 여기에 덧붙여 특허 포트폴리오 구축에 실패한 점도 있다.

엠피맨닷컴은 1997년에 1건, 1998년에 1건, 1999년에 1건, 2000년에 3건, 2001년에 1건 등 총 7건을 출원한 것으로 파악된다. 7건 중 2건이 실용신안 출원이고 특허 출원 2건은 거절, 결정되었다. 해외 특허는 1997년 출원 건에 대해서만 확보했다. 워낙 획기적인 제품이 출시되다보니 여러 후발주자들이 나타나기 시작했지만 사업 아이템의 매력에 비해 특허 포트폴리오는 매우 빈약했다. 급기야 10여 개 후발주자들이 연합하여 2001년 엠피맨닷컴의 특허를 무효 공격했다. 당시 엠피맨닷컴이 보유한 등록 특허는 2건에 불과했다. 특허의 질을 떠나 특허 포트폴리오라고 하기에는 민망할 정도였다.

무협지에서는 홀로 다니며 수천 명도 거뜬히 상대하는 초절정 고수가 등장하지만 현실에서는 만나기가 어렵다. 군대도 육군, 해군, 공군, 해병대 등으로 구성되고 다양한 첨단 무기를 보유한다. 특허도 마찬가지다. 시장이 큰 사업일수록 특허 몇 개 가지고 사업을 보호하고 상대를 견제하기는 참으로 어렵다. 특허 포트폴리오 구축이 필요한 이유다.

특허 포트폴리오는 어떻게 구축할까?

특허 포트폴리오 구축의 모범 사례로 약방의 감초 같은 기업이 바로 질레트다. 질레트는 1단계로 부유각도 기하학이라는 면도기에 관한 기술을 개발하여 여러 개의 특허를 확보했다. 밀착성과 편의성을 높이기 위해 독립적으로 움직이는 두 개의 면도날을 가지는 면도기에 관한 기술이다. 핵심 특허라고 볼 수 있다.

질레트는 2단계로 카트리지, 스프링, 면도날 각도, 손잡이, 심지어 찢을 때 특유의 남성적인 소리와 느낌을 주는 포장재도 특허로 확보했다. 핵심 특허를 보조하고 강화시켜주는 파생 특허라 볼 수 있다. 3단계로 질레트는 면도 동작을 찍는 고속 사진 기술도 특허로 확보했다. 파생 특허에서 한 단계 더 나아가 광고나 유통처럼 파생 특허를 감싸주는 주변 특허라고 볼 수 있다.

이처럼 특허 포트폴리오는 사업의 핵심 기술뿐만 아니라 사업 진행에서 접하게 될 부수적인 기술까지 특허로 확보해야 한다. 물론 사업 초기부터 이런 형태로 특허 포트폴리오를 구성하기란 쉽지 않다. 일단은 1단계 핵심 기술에 대한 특허 포트폴리오라도 잘 구축할 필요가 있다. 자사가 사용할 기술은 아니지만 타사가 충분히 대체기술로 사용할 만한 기술이라면 이 역시 특허로 확보해야 한다. 질레트도 부유각도 기하학 면도기 기술로 7개를 도출했는데, 상용화 기술뿐만 아니라 상용화하지 않는 기술도 모두 특허로 확보했다. 물론 타사가 사용할 만한 매력적인 기술이 아니라면 굳이 특허로 확보할 필요는 없다.

특허 포트폴리오를 좀 더 전략적으로 구축하기 위해서는 특허 포트폴리오 분석을 기초로 진행하는 것이 바람직하다. 예를 들어 자사의 보유 특허를 기술별 테크트리를 통해 분류한다. 또는 제품별로 분류한 후 제품의 세부 기술별로 분류한다. 경쟁사의 특허도 마찬가지로 분류한다. 그러면 자사와 경쟁사의 특허 분포 상황을 쉽게 비교할 수 있다. 이를 통해 경쟁사 대비 특허 포트폴리오의 약점과 강점을 파악할 수 있고, 포트폴리오 구축 전략을 만들 수 있다. 특허 출원만이 아니라 외부로부터 특허 매입을 하여 포트폴리오를 강화할 수도 있다. 불필요하다고 판단되는 영역의 특허는 과감히 죽이거나 매각할 수도 있다.

중요한 기술에 대해서는 국가를 잘 선정해 해외 특허도 반드시 확보해야 한다. 사업에 따라서는 특허 포트폴리오 차원을 넘어 상표, 디자인, 영업비밀까지 아우르는 지식재산 포트폴리오를 구축하는 게 바람직하다.

후발주자는 핵심 특허를 확보하기 어렵다. 그래도 파생 특허와 주변 특허라도 확보하기 위해 노력해야 한다. 파생 특허와 주변특허 역시 선발주자를 어느 정도 견제할 수 있다. 선발주자 중에서 도태되는 기업의 특허를 매입해 특허 포트폴리오를 강화할 수도 있다. 선발주자의 핵심 특허에 대해 침해 가능성과 무효 가능성을 미리 파악해두는 것도 좋다. 품질과 가격에 큰 변화를 주지 않으면서 선발주자의 핵심 특허를 회피할 수 있는 기술을 개발하는 것도 필요하다.

그리고 하나의 핵심 기술에 달랑 하나의 특허를 등록시켜서는 강한 특허 포트폴리오를 구축할 수 없다. 록스타 컨소시엄은 파산한 노텔의 특허를 활용해 구글 등을 제소했는데, 이 소송에 쓰인 7개의 특허는 모두 뿌리가 같은 하나의 패밀리 특허였다. 하나의 특허에서 계속 '새끼'를 치면서 여러 개의 특허를 만든 것이다.

이렇게 하는 이유는 처음 특허를 등록하는 시점에 경쟁사의 제품 및 서비스가 확정되지 않기 때문이다. 특허는 등록되면 청구항을 더 이상 수정하기 어렵다. 그래서 경쟁사의 제품 및 서비스를 계속 모니터링하면서 특허가 이를 커버하도록 출원 건을 유지한 상태에서 청구항을 지속적으로 다듬는 것이다. 미국에서는 계속출원, 우리나라를 비롯해 주요 국가에서는 분할출원을 이용하면 바로 이런 작업이 가능하다. 출원이 등록 결정되면 분할출원을 진행해 등록 특허 외에 출원 건을 새끼 치는 것이다. 이러한 방법을 통해 강력한 특허 포트폴리오를 구축할 수 있다.

지금까지 설명한 특허 포트폴리오 구축은 기업 단독으로는 불가능하다. 호흡이 잘 맞는 변리사와 오랜 기간에 걸쳐 차근차근 진행하기 바란다.

선행기술조사와 특허맵 작성은 왜 할까?

선행기술조사는 특정 세부 기술에 대해 선행특허가 존재하는지 조사하는 것이다. 경우에 따라 논문도 조사할 수 있다. 어떤 사업 아이템에 대해 연구개발을 하기 전에 선행기술조사를 하면 동일하거나 유사한 개념의 특허가 있는지 파악할 수 있다. 이미 연구개발이 완료되어 특허 출원까지 한 기술에 리소스를 투여할 리스크를 사전에 줄일 수 있다. 정부에서 주관하는 국가 연구개발과제는 모두 선행기술조사를 의무화하고 있다. 내 경험으로는 기업이 제안한 수억 원 수준의 소규모 정부연구개발과제 중에서 절반 이상은 이미 누군가가 연구개발하고 특허 출원까지 한 기술이었다. 중복연구 방지 차원에서도 선행기술조사가 필요한 것이다. 다른 한편으로는 조사된 특허 기술을 보면 사업 아이템을 업그레이드할 수 있는 힌트를 얻을 수 있다.

선행기술조사를 연구개발 전에 하지 않았다면 특허 출원 전에 반드시 하는 게 좋다. 동일하거나 유사한 특허가 있으면 특허를 받기 어렵고 비용 낭비가 크므로 특허 출원 전에 체크해 봐야 한다. 조사는 국내 및 해외 특허를 대상으로 상세히 하는 게 좋지만 비용이 부담될 수 있다. 그럴 경우 국내 특허를 대상으로 간략하게라도 조사할 필요가 있다.

이에 반해 특허맵은 특정 기술 분야에 대해 훨씬 광범위하게 특허를 조사하는 것이다. 특허맵을 작성하면 해당 기술 분야의 세부 기술별로 특허가 어떻게 분포하고 있는지, 어느 세부 기술이 주목받고 있는지, 아직 공백인 세부 기술이 무엇인지, 핵심 특허를 누가 보유하고 있는지, 주요 플레이어가 누구인지, 각 플레이어의 연구개발 방향은 어떤지 등을 상세히 알 수 있다.

이러한 정보를 기초로 하면 자사의 연구개발 주제와 방향을 도출할 수 있다. 특허 포트폴리오 구축 전략을 세울 수도 있고, 매입할 만한 핵심 특허는 무엇인지 파악할 수도 있다. 연구개발을 깊이 하기 전인 특허맵 작성 단계에서 특허 출원할 아이디어를 도출할 수도 있다. 나도 창의자본 사업을 하면서 기업과 이런 작업을 함께 진행했었는데 기업 연구원들이 매우 놀라워했다. 특허는 연구개발의 결과물로만 생각했는데 연구개발 전에 특허 분석만으로도 새로운 발명이 탄생하고, 오히려 연구개발 결과물로 나온 발명보다 더 수준 높은 발명들이 쏟아져 나왔기 때문이다.

앞서 설명한 경쟁사와의 특허 포트폴리오 분석도 특허맵 작성을 통해 가능하다. 경쟁사의 핵심 특허를 파악함으로써 회피설계, 무효전략, 라이선싱 등 다양한 대응전략을 세울 수 있다.

특허맵 작성과 이를 통한 포트폴리오 구축 전략 설계는 수개월 걸리는 업무다. 업무에 대한 열정과 함께 변리사와 기업의 지속적이고 원활한 커뮤니케이션이 있어야 원하는 목적을 달성할 수 있다.

국가별 해외 출원 팁, 뭐가 있을까?

IP 5. 특허 출원이 가장 많은 중국, 미국, 일본, 한국, 유럽을 가리킨다. 국내 기업이 해외 출원을 하는 경우도 주로 IP 5 국가를 대상으로 한다. 타사가 모방해서 생산하거나 판매할 국가 중에서 시장이 큰 곳 위주로 선택하면 된다. 사업 아이템에 따라 다르겠지만 거의 미국 출원을 주로 한다. 최근에는 중국 출원이 급부상했다. 세계의 공장이면서 시장 크기가 급성장하기 때문이다. 일본 출원은 예전에 비해 인기가 많이 줄어들었다. 일본 특허제도는 우리나라 제도와 대동소이해서 크게 염두에 둘 필요는 없다. 관납료가 우리나라보다 훨씬 높다. 미국, 중국, 유럽 중심으로 주요 팁들을 살펴 본다.

미국

미국은 정직함을 매우 중요시하는 사회다. 예를 들어 변호사가 윤리규정을 위반하면 자격 박탈도 서슴지 않는다. 특허의 경우도 발명하지 않은 사람을 발명자라고 올려서는 안 된다. 또한 알고 있는 선행문헌을 감춰도 안 되고, 모두 특허청에 제출해야 한다. 이를 위반하면 특허가 등록되더라도 무용지물이 될 수 있다.

최근 5년간 미국 대법원 판례나 특허청 실무 동향을 보면 전체적으로 특허권자의 힘을 약화시키는 추세다. 제품을 만들거나 서비스를 하지 않고 특허만 활용하여 이익을 추구하는 업체인 NPE가 2010년대 초반까지 활개를 치면서 큰 이슈가 되자 이런 트렌드가 형성되었다. 특히 2014년 기념비적인 대법원 판결을 통해 영업방법 특허를 포함한 소프트웨어 특허는 거의 초토화되었다. 소송 당사자 이름을 따 'Alice' 판결로 알려졌는데, 이름과는 다르게 무시무시한 판결이었다. 이후 발명의 성립성 이슈로 이미 등록된 특허들이 분쟁에서 무더기로 무효가 되고 출원 건들은 등록이 어려워졌다. 나도 특허 매매 딜을 할 때 소프트웨어 미국 특허의 가격이 급락하는 것을 절감할 수 있었다. 소프트웨어 특허 무용론까지 나왔다가 최근에 조금씩 되살아나는 분위기다. 다만 대응을 보다 더 철저히 해야 한다.

또한 미국은 하나의 특허로부터 '새끼'를 쳐 여러 특허를 만들 수 있는 제도가 우리나라보다 훨씬 다양하다. 그러므로 이런 제도를 잘 활용하면 강력한 포트폴리오를 구축할 수 있다.

중국

몇 년 전만 하더라도 중국산 제품이라고 하면 질 낮은 싸구려 이미

지의 대명사였다. 그러나 하루가 다르게 급성장하는 중국을 보면서 지금은 그런 생각을 하는 이들은 거의 없을 것이다.

중국 특허제도 역시 마찬가지다. 중국 특허를 받아봤자 제대로 보호 받을까 의문을 제기하던 게 엊그제 같은데 지금은 우리나라보다 더 큰 위력을 발휘하고 있다. 침해소송에서 특허권자의 승소율도 우리나라의 배에 해당하는 60%대다. 시장이 크다보니 손해배상액도 높다. 2017년 4월 삼성전자는 화웨이에 특허 침해로 138억 원을 배상하라는 판결을 받았다. 2017년 8월에는 중국의 한 국유기업이 삼성전자를 상대로 690억 원을 배상하라는 특허침해소송을 제기했다. 특허분쟁은 대부분 외국인이 불리할 것으로 짐작하지만 전혀 그렇지 않다. 외국 원고의 승소율이 70%대로, 중국 원고의 승소율보다 오히려 높다.

중국은 세계의 제품 공장뿐만 아니라 세계의 특허 공장이기도 하다. 특허 출원 건수가 2015년에 세계 최초로 연간 100만 건을 넘어선 데 이어 2016년에는 무려 134만 건이었다. 세계 2, 3, 4위인 미국, 일본, 한국의 특허 건수를 합친 것보다 훨씬 많다. 중국 진출을 고려하는 기업이라면 반드시 중국 특허를 확보해야 한다. 중국에는 모방이 비일비재하다고 하지만 특허가 없으면 결과는 불을 보듯 뻔하다.

중국의 특허제도는 특이한 점이 있는데 실용신안이 무심사주의를 취하고 있으면서도 무효율이 낮다는 것이다. 5~6개월이면 등록이 가능하고 비용도 특허에 비해 절반도 안 되므로 잘 활용할 필요가 있다. 또 중국 세관에 지식재산권을 등록해두면 모조품 단속에 매우 유용하다. 그 밖에도 중국은 수입금지뿐만 아니라 수출금지도 단속한다. 중국에서 확보한 특허, 실용신안, 디자인, 상표 모두 그렇다.

유럽

유럽에서 특허를 획득하는 방법은 2가지가 있다. 각국에 특허 출원을 하는 방법과 유럽특허청(EPO)에 특허 출원을 하는 방법이다. EPO에 출원을 하면 유럽연합 28개국을 포함한 유럽 38개국에 출원한 효과가 있다. 그런 점에서 PCT 국제출원과 유사하다. 그러나 EPO 출원은 유럽특허청에서 실체심사를 진행해 등록 결정을 내리면 유럽 전체 국가에서 특허를 받을 수 있다. 다만 특허를 확보하려는 각 국가에 번역문을 제출하고 연차료를 납부해야 한다. 출원 효과만 발생할 뿐 특허를 받기 위해 나라별로 심사를 받아야 하는 PCT 국제출원과는 다르다.

각국에 출원하는 방법과 EPO 출원하는 방법은 장단점이 있다. 비용 면에서 3개 이상의 국가에 출원할 생각이면 EPO 출원이 유리하고, 1~2개 국가에 출원할 생각이면 개별국 출원이 유리하다. EPO 출원은 시간이 다소 많이 걸리는 편이다. 특허성에 대한 판단을 두 번 받아볼 수 있는데 기본적으로 조사국에서 서치리포트를 발행하고 이후 심사청구를 하면 심사국에서 실체심사를 한다. 특허 등록 이후의 무효나 침해분쟁도 나라별로 진행해야 한다.

이런 불편함을 해결하는 제도가 있다. EU 단일특허(Unitary

Patent) 제도인데, 유럽특허청에서 등록 결정된 후 단일특허 발효를 신청하면 유럽연합 전 국가에서 동일한 효력을 갖는 단일특허를 확보할 수 있다. 분쟁도 통합특허법원으로 일원화되어 처리된다. 진정한 특허 통합이라고 할 수 있다. 다만 EU 단일특허 제도는 2018년 말 기준으로 아직 도입되지 않았다. 브렉시트 등의 영향으로 언제 도입될지 알 수 없다. 이미 도입된 것처럼 소개하는 책이나 인터넷 자료가 있다는데, 그렇지 않다. EU 단일특허 제도가 도입되면 편의성뿐만 아니라 유럽 특허 가치도 상당히 올라갈 것이다. 계속 관심을 가질 필요가 있다.

특허 관납료를 줄이는 방법 없을까?

특허 관련 비용은 크게 대리인 수수료와 관납료다. 관납료는 특허 출원 단계부터 발생한다. 심사 단계, 등록 단계, 유지 단계에서도 발생한다. 국내에서 특허를 받든 해외에서 받든 납부 금액이나 방식에 차이만 있을 뿐 관납료는 항상 존재한다. 이러한 관납료에 대해 개인이나 중소기업은 다양한 할인 혜택을 받을 수 있다. 관납료 할인은 요건에 해당하면 기계적으로 적용된다. 특허사무소에서 해당 요건을 잘 챙겨주기에 별로 신경 쓸 필요는 없다. 관납료를 줄이기 위해 알아야 할 사항은 다음과 같다.

청구항은 특허 권리를 설정하는 부분이다. 청구항이 많을수록 다양한 권리가 형성되어 좋다고 생각할 수 있지만 관납료도 증가한다. 심사 단계, 등록 단계, 유지 단계 모두에서 관납료 역시 증가한다. 발명에 따라 적절한 청구항수는 달라질 수밖에 없어 일률적으로 개수를 정할 수는 없다. 그러나 20개를 넘어가는 경우는 과연 그럴 만한 청구항으로 구성되어 있는지 다시 살펴볼 필요가 있다. 예를 들어 주지관용 기술을 권리화하려는 게 아닌지 살펴볼 필요가 있다.

청구항 인용 테크닉을 적절히 구사해도 불필요한 관납료를 줄일 수 있다. 우연히 일본의 글로벌 기업 D사가 우리나라에 출원한 특허를 보게 되었다. 청구항이 40개를 훌쩍 뛰어넘었다. 등록된 지 15년이 넘어 연차료가 300만 원에 달했다. 그런데 출원 단계에서 청구항 인용 관계를 잘 정리했다면 청구범위는 그대로 유지하면서 청구항수를 절반으로 줄일 수 있는 건이었다. 그동안의 누적 비용과 앞으로도 그대로 유지될 것을 고려하면 관납료로 2,000만 원은 족히 낭비되는 상황이다. 배보다 배꼽이 큰 것이다. D사 특허담당자, 일본 대리인, 한국 대리인 누군가는 이슈 제기를 할 법도 한데 모두 간과한 것 같다. 과연 자기 돈이어도 그랬을까? 회사 돈은 그렇게 모르는 사이에 새고 있었다. 안타까운 일이다.

관납료의 가장 큰 비중은 아무래도 연차료다. 특히 우리나라에서는 연차료가 시간이 지날수록, 청구항이 늘어날수록 급증한다. 10년차 이상 된 특허는 꼭 유지할 필요가 있는지 점검해보기 바란다. 이미 한물간 기술이라면 굳이 유지할 필요가 없다. 당신이 아는 한물간 기술 분야 특허를 키프리스 사이트에서 검색해보라. 여전히 살아 있는 특허들을 발견할 수 있을 것이다. 비용만 잡아먹는 하마로 방치되어 있다.

제3자가 사용할 가능성이 전혀 없는 경우 역시 유지할 필요가 없다. 만약 그대로 특허 자체를 죽이기 부담스럽다면 불필요한 청구항을 선별하여 제거하는 것도 좋은 방법이다. 주지관용 청구항, 침해 입증 곤란 청구항, 권리범위 협소 청구항 등을 위주로 하여 제거하면 된다. 웬만한 기업은 잘 모르는 방법인데 상당히 유용하다. 특히 특허 포트폴리오 규모가 좀 되면 특허 자체의 유지 여부와 함께 청구항 단위의 유지 여부를 검토해보기 바란다.

06

임직원이 발명하면 별도로 보상을 해줘야 할까?

　　A반도체 제조회사에 다니는 B연구원이 반도체 관련 발명을 했다. 이런 발명을 '직무발명'이라고 한다. 이런 직무발명은 연구시설을 제공하고 월급을 주는 회사의 것일까, 아니면 발명자인 B의 것일까? 원칙적으로 직무발명에 대한 권리는 발명자인 B의 것이고, 회사는 그 발명을 공짜로 쓸 수 있는 권리를 가진다.

　　회사는 고용계약서나 근무규정을 통해 직무발명에 대해 특허받을 수 있는 권리를 회사가 승계하도록 할 필요가 있다. 이렇게 예약 승계규정이 있는데도 종업원(임원 및 대표이사 포함)이 회사에 알리지 않고 임의로 특허 출원을 한다면 배임죄가 성립되기도 한다. 회사가 직무발명에 대해 특허를 받을 수 있는 권리를 승계하면 해당 종업원은 보상금 청구권을 갖는다. 이는 법적으로 강행규정이다. 회사가 보상금을 안 주겠다고 해서 없어지는 게 아니다.

　　직무발명 보상금은 직무발명 출원할 때 주는 출원보상금, 등록을 할 때 주는 등록보상금, 실시하여 이익이 발생할 때 주는 실시보상금, 매각이나 라이선스처럼 처분하여 이익이 발생할 때 주는 처분보상금, 영업비밀로 간직하기 위해 출원을 유보했을 때 주는 출원유보보상금으로 나뉜다.

직무발명 보상금 다툼이 발생하는 것은 주로 실시보상금과 처분 보상금이다. 청색 LED를 발명한 나카무라 슈지와 니치아 화학공업의 다툼이 대표적이다. 8억 4,000만 엔 지급판결이 났다. 천지인 자판을 발명한 연구원과 삼성전자의 다툼도 실시보상금에 대한 이해 차이가 커서 발생했다. 정부기관 소속 연구원은 처분보상금으로 50%를 받을 수 있도록 규정되어 있어 기업 소속 연구원에 비해 상당히 많이 받는다. 3G 표준 관련 발명을 한 정부기관 소속 연구원은 웬만한 직장인이 평생 구경하기도 힘든 금액을 처분보상금으로 받았다고 한다. 법정에서 실시보상금과 처분보상금을 산정할 때는 발명자 기여도 등 여러 요소를 고려한다. 이때 이 요소를 얼마로 볼 것인지에 대해 당사자 간에 첨예하게 대립한다. 따라서 다툼을 예방하는 차원에서라도 직무발명 보상제도를 도입해야 한다.

직무발명 보상제도는 직무발명 보상규정을 소정의 절차에 따라 만들어 도입하면 된다. 직무발명 보상제도를 도입하면 종업원의 발명 의욕이 고취돼 출원 건수가 급증한다. 특허 포트폴리오를 구축할 수 있는 시발점이 되는 것이다. 직무발명 보상규정을 두고서 최근 2년 이내에 직무발명 보상 사실이 있으면 소정의 절차에 따라 직무발명보상 우수기업으로 인증해준다. 직무발명보상 우수

기업으로 인증되면 특허 기술의 전략적 사업화 지원사업, 중소기업 기술혁신 개발사업 등 특허청과 중소벤처기업부의 다양한 정부 과제 선정에서 가점을 부여받는다. 기업에서 출원하는 모든 건에 대해 빨리 심사받을 수 있는 자격도 부여받고, 연차료 감면 혜택도 받는다. 또한 직무발명 보상금에 대해서는 다양한 세제 혜택이 주어진다.

직무발명 보상제도는 발명진흥법에서 정한 세부 절차에 따라 도입해야 한다. 회사에서 직접 처리하기 어려우면 변리사와 상의하여 처리하면 된다.

07
특허지원 정부사업, 어떤 게 있을까?

　　　　　　지식재산권 창출·활용·보호 등과 관련하여 정부에서 비용을 지원하는 사업들이 있다. 이를 잘 활용하면 비용 부담을 상당히 덜 수 있다. 사업에 따라 수백만 원에서 수천만 원까지 지원된다. 주로 특허청이나 지자체를 통해 지원되는 사업들이다. 지원사업 종류가 많아서 자세히 설명하면 이것만으로도 책 한 권이 나올 정도다. 그래서 주요 사업 위주로 간략히 소개하고자 한다. 자세한 것은 특허청 홈페이지나 담당기관 홈페이지를 참조하기 바란다.

지식재산권 창출 지원사업

사업명	사업 내용	지원 자격	담당 기관
IP 디딤돌 프로그램	• 아이디어 구체화 및 권리화(특허 출원), 아이디어 제품화(3D 설계 및 모형제작) 지원	창의적 아이디어를 보유한 개인 및 예비창업자	지역지식재산센터 (http://www.ripc.org)

IP 나래 프로그램	•3개월간 특허 전문가의 밀착형 지식재산 컨설팅 및 강한 특허 출원 지원, 지원기업의 성장 장애요소를 진단하여 맞춤형 지식재산 솔루션 제공	기술을 보유한 7년 이내의 창업기업	지역지식재산센터
글로벌 IP 스타 기업 육성	•해외 산업재산권 획득, 맞춤형 특허맵, 비영어권 브랜드 개발, 특허 기술 시뮬레이션 등 기업의 해외 진출을 위한 3년간 지식재산 종합 지원	수출(예정) 중소 기업	지역지식재산센터
지역별 지식재산 창출 지원 사업	•각 지역 소재 기업에 대해 국내 또는 해외의 특허, 실용신안, 디자인, 상표출원 비용 지원	각 지역 소재 중소 기업	지역지식재산센터
중소기업 IP 바로지원 서비스	•특허·디자인맵, 브랜드 개발, 디자인 개발, 특허 기술 홍보영상 제작, 해외 출원 비용 지원	중소기업	지역지식재산센터
지재권 연계 연구 개발 전략 지원 사업	•구체적 R&D 방향, 핵심 특허 선 제대응, 강한 IP 선점 및 포트폴리오 구축, 라이선스 전략 등 종합적 IP–R&D 전략 지원	연구조직을 보유한 중소기업	한국특허전략개발원 (http://www.kista. re.kr) 중소기업팀
글로벌 기술혁신 IP 전략 개발	•글로벌 시장에서 차별화된 제품·서비스·기술을 갖는 히트 상품·서비스를 개발하기 위한 특허·디자인·브랜드 토털 IP– R&D 전략 등 지원	연구조직을 보유한 중견기업 및 중소기업	한국특허전략개발원 성장전략팀

표준특허 창출 지원	•표준문서 분석, 각국의 기고 표준안 관련 특허 분석, 표준특허 확보를 위한 특허 설계·출원·보정 전략 등 지원	국제표준 관련 유망기술을 보유·개발 중에 있는 중소·중견기업 등	한국특허전략 개발원 표준특허센터
스타트업 특허바우처 사업	•국내외 IP 권리화, 특허조사·분석 컨설팅 등 비용 지원	4차 산업혁명관련 스타트업	한국특허전략 개발원

지식재산권 활용 지원사업

사업명	사업 내용	지원 자격	담당 기관
지식재산 활용 전략 지원	•이종분야 특허검색 및 창의적 문제해결 방법론을 활용하여 기업 의 내부 역량으로 해결하지 못한 제품 및 공정의 기술적 문제(성능·품질·원가)에 대한 혁신적 해결 지원 • 기업의 보유역량과 외부자원의 융합을 통한 IP 사업화 솔루션 지원	등록된 특허·실용신안·디자인권(전용실시권 포 함)을 보유한 중소기업	한국발명진흥회 (www. kipa.org) 지식재산 경영지원실
지식재산 거래 지원	•특허거래전문관 운영을 통해 특허기술 거래에 필요한 상담, 특허 기술 매칭, 중개 협상 및 계약 체결을 위한 법률 검토 등 지원	특허, 실용신안, 디자인, 상표등 지식재산권 거래를 희망하는 개인, 중소기업 등	한국발명진흥회 지식 재산중개소

사업명	사업 내용	지원 자격	담당 기관
IP 사업화 연계 평가 지원	• 특허청 지정 발명의 평가기관을 통해 사업화 용도에 따른 '특허 기술평가보고서' 작성 지원(사업화를 위한 투자 유치, 특허기술거래, 사업타당성 검토, 국내외 기술인증, 현물출자 등을 위한 자료로 활용)	개인 또는 중소기업으로서, 등록된 특허·실용신안 권리자 및 전용실시권자	한국발명진흥회
IP 금융 연계 평가 지원	• 특허청 지정 발명의 평가기관을 통해 특허 기술 가치평가 수행, 금융기관의 투·융자의사 결정에 활용할 수 있도록 평가결과 제공	등록된 특허권을 보유 및 사업화하여 활용하고 있는 중소기업	한국발명진흥회
우수발명품 우선구매 추천제도	• 신청 제품에 대해 소정의 심사를 거쳐 추천 대상 우수발명품 선정. 선정된 우수발명품을 특허청장이 국가기관, 지자체, 공공기관 등 조달 수요기관에 우선 구매하도록 추천 • 추천 우수발명품은 조달청 '우수 조달물품' 지정 심사에서 가점 부여	등록일로부터 5년 이내인 특허·실용신안·디자인권 (통상·전용실시 권 포함)을 보유한 개인 또는 중소기업	한국발명진흥회

지식재산권 보호 지원사업

사업명	사업 내용	지원 자격	담당 기관
지재권 소송보험 지원	• 소송보험료를 일부 지원하여 보험을 통해 지재권 분쟁 비용 부담 경감 및 분쟁대응력 강화	수출(예정) 중소기업	한국지식재산보호원 (www.koipa.re.kr) 인식보험팀

해외지식 재산센터 (IP–DESK) 운영	•IP–DESK 설치 지역에서 침해 조사, 상표·디자인 출원, 세관 지재권 등록 등의 비용 지원	현지 국가에 사업을 운영(예정) 중인 개인 또는 중소·중견기업	코트라 해외 지재권 보호사업단 (www.ip–desk, or.kr)
해외 지재권 분쟁 초동대응 지원	•IP–DESK 미설치 지역에서의 지재권 분쟁에 대한 법률자문 및 침해 조사 지원	현지 국가에 사업을 운영(예정) 중인 개인 또는 중소·중견기업	코트라 해외 지재권 보호사업단
지재권 분쟁 공동 대응 협의체 지원 사업	•분쟁 현안에 따라 3가지 유형으로 지원(공동 권리분석 및 전략 도출, 공동 피소 대응, 공동 권리 행사 지원)	공통 지재권 분쟁 이슈를 가지고 있는 중견·중소·대기업 3개사 이상으로 구성	한국지식재산보호원 해외협력팀
국제 지재권 분쟁 예방 컨설팅 지원 사업	•(특허) 수출 전 사전분석, 특허보증대응, 라이선스 전략 등 •(상표·디자인) 상표 해외 현지화전략, 무단 선등록 대응전략 등 컨설팅	수출(예정) 중소·중견기업	한국지식재산보호원 분쟁예방팀

08
정부 과제 선정에서
특허로 가점을 받을 수 있을까?

　　　　　　기업의 애로사항을 조사해보면 1위가 자금조달 이 슈다. 자금조달은 크게 투자, 대출, 정부과제를 통해 확보한다. 특히 투자나 대출을 일으킬 수 있는 상태가 아닌 초기 창업자에게는 정부에서 제공하는 창업지원금이 매우 유용한 자금조달 창구다. 혹자는 서류작업과 회계 증빙 절차 등이 복잡해 창업지원금을 되도록 이용하지 말라고 한다. 그러나 다른 방법을 통해 초기 자금을 충분히 확보한 스타트업은 거의 없다. 대부분의 스타트업은 정부의 창업 지원금을 받고자 노력하고 있는 데다 경쟁률도 꽤 높다.

　창업지원금과 관련한 과제 심사를 가끔 하는데 평가항목은 대체로 사업 아이템의 우수성, 인적 자원의 우수성, 제품의 시장성, 보유 기술 수준 등이다. 보유기술 수준 항목에서 특허를 함께 고려한다. 심사위원들은 기술과 거리가 있는 사업 아이템이라도 비즈니스 모델에 대해 특허로 보호하고 있는지 질문을 많이 한다. 굳이 그럴 필요까지 있는지 의문이지만, 아무튼 웬만한 사업이라면 창업지원금을 받기 위해서는 특허가 필요하다는 것이다. 정부의 R&D 과제를 수행하는 경우에도 마찬가지다. R&D 과제는 창업지원금 과제보다 더 기술에 포커싱되어 있다. 따라서 특허 확보 여부를 기술력 보유 판단의 중요한 요소로 삼는다.

　정부에서 주관하는 각종 인증을 받으면 여러 혜택이 주어진다. 특허 인증 심사에서 중요한 요소로 고려된다. 벤처기업 인증을 받으면 법인세, 소득세, 취득세, 재산세 등 세금 감면을 받을 수 있고, 정책자금 한도 우대 등의 혜택도 주어진다. 이노비즈 인증을 받으면 기술보증기금의 보증지원 우대를 받고, 조달청 물품 적격 심사에서 가점 등의 혜택을 받는다. 조달청 우수제품 인증을 받으면 경쟁 입찰이 아닌 수의계약을 통해 판로를 개척할 수 있는데, 이 제도를 통한 연간 구매액이 2조 원대다. 조달청 우수제품의 경우 특허가 적용된 제품을 대상으로 한다. 따라서 조달청 우수제품 신청을 할 때는 특허와 제품 간의 구성을 잘 대비해야 한다. 그래서 일단 아무렇게나 특허만 등록시키자는 취지로 접근한 경우는 조달청 우수제품으로 인증되기 어렵다. 이 밖에도 신기술(NET) 인증이나 신제품(NEP) 인증은 난이도가 매우 높은 편이지만 판로나 자금 측면에서 혜택을 받을 수 있다.

09

특허도 매매할 수 있다

특허도 상품처럼 매매할 수 있다. 특허를 팔기도 하고 사기도 한다. 2010년대 초반은 거품이 끼여 있기도 했지만 글로벌 차원에서 특허 거래가 상당히 활발하던 시기였다. 2011년에 파산한 노텔의 특허 약 6,000건은 애플과 마이크로소프트 등이 가담한 록스타 컨소시엄에 45억 달러에 팔렸다. 특허 한 건당 평균 75만 달러, 우리 돈으로 무려 8억 원이나 했다. 이 특허는 구글과 삼성전자 등 안드로이드 진영을 공격하는 데 사용되었다. 사실 구글도 노텔 특허 인수전에 뛰어들었다가 실패했다. 이후 구글은 2012년 모토롤라 모빌리티를 124억 달러에 인수했다. 당시 특허와 기술을 55억 달러로 산정했다.

보통 특허 거래를 할 때 달랑 한 건만 찍어서 거래하는 경우는 드물다. 포트폴리오 형태로 거래하는 게 일반적이다. 특허 포트폴리오에는 영화로 치면 주연 배우, 조연 배우, 단역, 엑스트라가 있게 마련이다. 주연 배우에 해당하는 핵심 특허가 포트폴리오의 가치를 사실상 결정한다. 노텔이나 모토롤라 특허 포트폴리오에서 핵심 특허의 가격은 실로 엄청났다고 볼 수 있다.

특허를 확보하기 위해 기업 자체를 인수하기도 한다. 2014년 구글은 IoT 스타트업인 Nest를 32억 달러에 인수했는데, Nest의 강력한 특허 포트폴리오가 중요한 이유였다고 한다. Nest는 자체 개발한 특허가 240건이나 되는데도 60건을 추가로 매입해 300건 규모의 양질의 특허 포트폴리오를 구축했다. 삼성전자가 2015년에 삼성페이를 서비스하기 위해 LoopPay를 인수한 사실은 널리 알려져 있다. 신의 한 수라고도 평가하는데, 특허만 매입하기가 어려워 아예 회사를 2억 5천만 달러에 통째로 매입했다는 후문이다.

국내 유일의 특허관리 전문기업인 인텔렉추얼 디스커버리도 창의자본사업을 수행하면서 국내외 기업과 기관의 특허를 포트폴리오당 수억에서 수십억 원에 매입했다. 나도 당시 가치제고(value-up) 가능성을 염두에 두고 해외 기업으로부터 IoT 관련 특허 포트폴리오를 매입한 적이 있다. 이 포트폴리오는 가치제고과정을 거쳐 1년 후 거의 두 배 가격에 매각되었다. 많은 국내 기업 들이 장롱에 있던 특허를 활용하여 수익을 거뒀다. 특허가 거래될 수 있다는 인식을 심어준 계기가 되었다. 그러나 여러 이유로 창의자본사업이 선순환 구조를 이루는 데 실패함으로써 특허 투자 및 비즈니스 활성화를 안착시키지 못한 점은 무척 아쉬운 일이었다.

특허 매매 가격은 국가별 시장 사이즈와 보호정책의 영향을 많이 받는다. 일반적으로 미국 특허는 한국 특허에 비해 수십 배에서

백 배의 가치를 인정받는다. 한국 특허만 확보하고 해외 특허를 확보하지 않으면 특허 발명의 가치가 크게 줄어든다고 보면 된다. 물론 한국 특허지만 수억 원에 거래되는 경우도 있다. 다만 미국 특허 등 해외 특허가 있었다면 최소한 '0'이 하나 더 붙었을 것이다.

그렇다면 특허 매매 가격은 실제로 어떻게 결정될까? 수학 공식처럼 어떤 정형화된 룰에 의해 결정될 것으로 생각하는 이들이 많다. 특허가치평가액을 떠올리기도 한다. 그러나 특허가치평가액은 참고사항에 불과하다. 실제로 동일한 특허를 가지고 두 곳의 공인 가치평가기관에 가치평가를 의뢰해본 적이 있다. 가치평가금액이 무려 10배나 차이가 났다. 어느 가치평가금액을 기준으로 매매 가격을 정한단 말인가? 이는 난센스다. 더군다나 해외 기업과 특허 매매를 할 때를 상정하면 더더욱 말이 안 된다.

미국에서 특허가치평가로 유명한 사람과 미팅을 한 적이 있었다. 그는 특허가치평가를 한마디로 예술의 영역이라고 했다. 가치평가액을 정확히 찾는다는 것은 매우 어렵다는 얘기다. 더군다나 가치평가액과 가격은 별개다. 특허 매매 가격은 가치평가액이 아니라 서로의 필요에 따라 협상으로 결정된다. 특허 거래 시장에서 일하다 보면 특허의 속성에 따라 거래되는 금액이 대략 보인다. 속성으로는 기술 분야, 시장 크기 및 성장성, 침해 증거의 유무와 다양성, 무효가능성, 라이선스 체결 내역, 발명자 및 특허권자의 저명도 등 복합적으로 고려된다. 이를 기초로 매도자와 매수자의 신경전이 펼쳐진다. 고도의 협상능력에 따라 가격은 천차만별로 결정된다. 필자 역시 해외 특허권자가 처음 제시한 금액의 1/10에 특허를 매입한 적이 있다.

이렇게 얘기하다 보니 엄청난 가치의 특허 매매만 다루고 있어 상당한 거리감이 느껴질 수도 있겠다. 저렴한 가격의 특허는 전혀 거래가 되지 않는지 의문을 가질 수도 있다. 특허는 신규 제품 개발, 벤처 인증이나 조달 인증, 과제 선정 등 목적으로 거래되기도 한다. 심지어는 오직 등록 특허 유무만 따지고 질은 전혀 따지지 않고 수백만 원에 거래하는 경우도 있다. 아쉽지만 제도의 허점을 이용한 경우라고 하겠다.

특허 거래는 정부기관이 운영하는 국가지식재산거래플랫폼(http://www.ipmarket.or.kr), NTB기술은행(http://www.ntb.kr) 등을 통해서도 이루어지지만 중요한 거래일수록 전문 브로커나 에이전트를 통해 비밀리에 이루어진다. 글로벌 특허 비즈니스 행사에 가보면 전문 브로커들이 꽤 많이 참석한다. 우리나라에서는 브로커라고 하면 그리 좋지 않게 보는데 글로벌 특허 비즈니스 시장에서는 특허 브로커를 상당한 전문직종으로 인정한다. 브로커리지피(brokerage fee)는 일반적으로 매매가의 20% 내외인데, 규모가 좀 되는 특허 포트폴리오는 1년에 한 건만 성사시켜도 웬만한 직장인보다 소득이 훨씬 높다.

특허 거래 시장은 매수자 우위이다. 특히 요즘은 더 그렇다. 따라서 특허 포트폴리오를 거래하려면 상당히 매력적이어야 한다. 이러한 특허 포트폴리오는 해외 특허가 상당히 포진해 있고 관련 업체들이 쓰고 있거나 쓸 가능성이 높은 기술을 다룬 특허여야 한다. 권리범위가 정교하게 잘 만들어져 있어야 하고, 하나의 발명 뿌리로부터 다양한 등록 특허와 출원이 공존해 있어야 한다. 그러나 이런 포트폴리오를 보유하기는 쉽지 않다. 상당한 내공의 변리사와 특허 인식 수준 및 기술력이 높은 벤처기업 간의 합작품이어야 기대할 수 있다.

10

특허로 대출을 받을 수 있다

기업이 은행에서 대출을 받으려면 통상 부동산 담보를 필요로 한다. 대출금 상환이 곤란한 경우 은행은 부동산을 처분하여 대출금을 상당부분 회수할 수 있기 때문이다. 그러나 지식기반 기업들은 담보를 설정할 만한 부동산을 보유하지 못한 경우가 많다. 설사 부동산이 있더라도 이미 담보를 설정하여 대출을 받아버렸다. 이런 경우에는 특허를 담보로 설정하여 대출을 받을 수 있다. 특허가 부동산처럼 담보물 역할을 하는 것이다. 특허 담보 대출이 가능한 몇 가지 경우를 살펴보자.

중소기업진흥공단은 다양한 정책자금을 융자해준다. 창업기업 지원자금, 투융자 복합금융 지원자금, 신시장 진출 지원자금, 신성장 기반 자금, 재도약 지원자금, 긴급경영 안정자금 등이 그것이다. 신시장 진출 지원자금은 개발기술 사업화 자금과 글로벌 진출 지원 자금으로 나뉘는데, 특허 담보 대출은 개발기술 사업화 자금에 해당한다. 대출 기간, 한도, 요건, 신청절차 등 자세한 사항은 중소기업진흥공단 홈페이지를 참고하거나 중소기업진흥공단 각 지역본(지)부에 문의하면 된다. 다만 매출액 기준이 존재하지는 않지만 매출액이 미미할 경우 가치평가 금액도 낮게 산출되어 특허 담보대출이 어려울 수 있다.

KDB 산업은행(벤처기술금융실), KB 국민은행(기술금융부), IBK 기업은행(기술금융부)은 각각 'IP 담보대출', 'KB 지식재산(IP) 담보대출', 'IP 사업화 자금대출'이라는 대출상품으로 특허 담보대출을 하고 있다. KB 국민은행과 IBK 기업은행은 10억 원 한도, KDB 산업은행은 별도 협의가 필요하다. 대출상품은 해당 은행의 본점과 지점에서 모두 취급한다.

기술보증기금은 특허 등 지식재산의 가치를 평가한 후 가치평가액 이내에서 10억 원 한도로 대출금의 90~95%까지 보증해 준다. 대신에 기술보증기금은 해당 특허를 담보로 설정한다. 기업은 기술보증기금의 보증이 있기에 시중은행에서 대출받기가 쉽다. 외부에서 특허를 매입하는 경우에 매입비도 보증해 준다. 자세한 사항은 기술보증기금 본점과 지점에 문의하면 된다. 신용보증기금도 비슷한 보증상품을 운영하고 있다.

특허 담보 대출은 기본적으로 특허를 가치평가하고 이에 비례하여 대출금을 산정한다. 따라서 좋은 특허여야 가치평가액이 높게 나온다. 무늬만 특허여서는 가치평가액이 높게 나올 수 없다. 좋은 특허를 확보해야 하는 이유다.

11

특허로 투자를 받을 수 있다

2012년 10월 국내 유일의 지식재산전문 운용사인 아이디어브릿지 자산운용이 특허에 투자하는 펀드를 최초로 결성했다고 언론에서 떠들썩하게 보도했다. 이제는 역사속으로 사라져 버린 팬택의 특허에 투자한 펀드였다. 펀드에서 팬택 특허 수십 건을 200억여 원에 사들여 연간 6%대 수수료를 받고 다시 팬택에 실시권을 준 다음 펀드 만기인 2년 후 팬택이 특허를 되사는 구조의 펀드였는데, 소위 '세일즈 앤드 라이선스 백(Sales & License Back)' 구조였다. 이 펀드 이후 특허 투자 펀드가 계속 생겨났다.

2013년 초에는 1,000억 규모의 지식재산권 투자 펀드가 아이디어브릿지 자산운용에 의해 조성되었다. 특허나 상표 보유 기업에 대해 세일즈 앤드 라이선스 백 구조 외에 VC(Venture Capital)처럼 지분 투자를 하거나 로열티 흐름에 투자하는 펀드였다. 아이디어브릿지 자산운용은 2013년 중반에도 250억 규모의 스타트업 전용

지식재산권 투자 펀드를 조성했다.

산업은행은 아이디어브릿지 자산운용의 펀드에 출자하는 것 외에도 IBK 기업은행과 손잡고 2015년 6월 1,000억 원 규모의 특허 펀드를 조성함으로써 특허 투자 저변을 확대했다. 이 펀드 역시 특허 등 지식재산권에 대해 직접 투자하는 펀드로, 2016년 3월 KT와 대학이 보유한 동영상 압축분야 표준특허에 123억 원을 투자했다. MPEG LA라는 글로벌 표준특허 라이선싱 업체를 통해 로열티 수익을 얻는 구조다.

한편 금융권에서 접근한 지식재산권 펀드 외에 특허청의 특허 계정을 통해 조성한 펀드도 상당히 많이 있다. 여러 VC에서 펀드를 운용하는데 우수 특허 기술을 사업화하는 기업이나 특허 서비스 기업에 투자한다. 특허 창출·매입·활용을 위한 프로젝트에도 투자한다. 특허 펀드라고 해서 반드시 특허 자체에만 투자하는 것은 아니다. 오히려 특허를 보유한 기업에 투자하는 비중이 높기 때문에 기술 기업은 기본적으로 투자 대상이 된다. 펀드마다 세부 투자 대상이나 비율이 좀 상이한데, 수십 개의 펀드가 운용되고 있다. 2019년만 하더라도 전년대비 2배 규모인 2200억 원 규모의 다양한 특허 펀드를 조성하는 등 특허 펀드의 조성 규모가 갈수록 커지고 있다. 고무적이다. 자세한 사항은 특허청 홈페이지를 참고하기 바란다.

12

특허로 라이선스료를 받을 수 있다

'돌비(Dolby)'라고 하면 음향이 떠오른다. 그만큼 음향분야에서 독보적인 위치에 있는 회사다. 최근에는 '돌비 애트모스(Dolby Atmos)'라는 입체음향 기술 개발에 주력하고 있다. 돌비의 매출은 어디에서 나올까?

2016년 돌비는 10억 3,000만 달러를 벌어들였는데 90% 이상이 4,000여 개의 음향·영상 특허로 벌어들인 로열티 수입이다. 삼성전자 등이 주요 고객이다. 다시 말해 돌비는 삼성전자 등에 특허 라이선스를 주고 라이선스료를 받는 게 주요 수익 모델인 것이다. 퀄컴 역시 특허 로열티로 막대한 수입을 거두고 있다. 삼성전자, 애플, 화웨이 등 스마트폰 제조업체로부터 엄청난 로열티를 거둬들이고 있는 것이다. 2017년 퀄컴과 애플이 미국과 중국에서 특허분쟁을 벌였는데 그 배경이 바로 로열티 때문이다. 애플이 퀄컴에 특허 로열티로 매년 20억 달러를 지불했는데 이를 깎으려고 하다가 분쟁으로 번진 것이다. 2019년 LG화학은 배터리 특허 소송에서 ATL이라는 중국 회사로부터 매년 매출의 3%의 로열티를 받는 것으로 합의했다. 로열티 규모가 연간 수천억 원으로 추정된다. 이처럼 특허권자는 기업에 특허 라이선스를 설정해 주고 라이선스료를 받는다.

라이선스를 우리 법에서는 '실시권'이라고 한다. 실시권은 전용실시권(exclusive license)과 통상실시권(nonexclusive license)으로 나뉜다. 전용실시권은 실시권을 받은 자만 그 특허를 생산·사용·판매 등 실시할 수 있다. 특허권자도 실시할 수 없다. 기업이 대학이나 정부연구기관인 특허권자로부터 실시권을 받아 독점적으로 비즈니스를 진행하려는 경우에 주로 이용된다. 실시권을 받아 신규사업을 하려는 기업 입장에서는 추후 다른 기업들에도 해당 특허의 실시권이 부여되는 게 부담스럽기 때문이다. 반면에 통상실시권은 특허권자가 이미 특허를 침해하고 있는 다수의 업체로 부터 로열티를 거둬들이고자 할 때 주로 이용된다.

로열티는 일괄로 지급받고 끝내는 방식과 일정 주기로 매출액에 비례하여 계속 받는 방식이 있다. 전문 용어로 전자를 '럼섬(lump sum)' 방식, 후자를 '런닝로열티(running royalty)'방식이라고 한다. 실시권을 받아 신규사업을 하는 입장에서는 신규사업이 얼마나 잘 될지 모르기 때문에 런닝로열티 방식을 선호한다. 런닝로열티 방식이어도 실시권 계약을 할 때는 초기 금액(initial fee)을 조금 받는 게 일반적이다. 다만 특허권자는 실시권자가 제대로 매출액을 산정하여 로열티를 지불하는지 확인해야 한다. 그런데 이게 상당히 피곤한 업무가 되기도 한다. 이런 연유로 특허권자는 런닝 로열티를 관리하기가 부담되는 경우나 목돈이 필요한 경우에는 럼섬 방식을 선호한다. 또한 실시권자도 신규사업 매출이 급증할 것으로 자신하는 경우에는 럼섬 방식으로 로열티를 지불하고 마무리하고 싶어 한다.

여기서는 간단히 설명했지만, 라이선싱은 일반적으로 특허 매매보다 훨씬 복잡하고 난이도가 높다. 그렇다보니 특허권자와 절반씩 이익을 공유하는 방식으로 라이선싱 전문가가 업무 대행을 하기도 한다. 중요한 것은 아무 특허나 보유했다고 로열티를 받을 수 있는 게 아니라는 것이다. 제3자가 쓰고 싶거나 쓸 수밖에 없는 특허를 보유한 경우에나 가능하다.

⑬
특허로 절세할 수 있다

    회사 대표인 A는 개인 명의로 특허를 가지고 있다. 회사의 비즈니스에 중요한 특허다. 이럴 경우 A는 회사에 개인 소유의 특허를 매각할 수 있다. 대표이사라 하더라도 회사와는 별개의 주체이기에 거래가 가능하다. 다만 특수관계자 간 거래에 해당하므로 당연히 정당한 가치평가를 기초로 하여 거래를 해야 한다.

    특허를 팔아서 생기는 소득은 기타소득으로 취급된다. 필요경비율은 2019년 기준으로 양도가액의 60%다. 양도가액이 1억 원이라고 치면 6,000만 원은 필요경비로 인정되어 4,000만 원에 대해서만 세금을 내면 된다는 것이다. 1억 원을 성과급으로 받는 것에 비해 훨씬 세금이 절약되고, 부수적으로 4대 보험료도 절감된다.

    만약 회사에 가지급금이 있다면 A는 특허 양도로 받은 1억 원을 회사의 가지급금을 정리하는 데 사용하면 좋다. 가지급금은 회사를 운영하면서 실제로 현금을 지출했지만 거래 내용이 불분명하거나 증빙하기 어려운 경우에 발생한다. 가지급금에 대해서는 이자를 내야 하고, 이자를 내지 않을 경우 대표이사의 상여로 처리될 수 있다. 가지급금이 있으면 회사의 신용등급이 낮아지기 때문에 대출비용이 증가한다. 국세청의 세무조사 대상이 될 수 있고, 자칫 횡령 내지 배임죄로 확대될 수도 있다. 기업 컨설팅 업체들이 주로 홍보하는 것 중 하나가 가지급금 정리인 것을 보면 자주 일어나기도 하고 그만큼 중요한 이슈이기도 하다. 이처럼 대표이사 개인 소유의 특허는 회사의 가지급금을 처리하는 데 매우 유용한 수단으로 활용된다.

회사 입장에서는 매입한 특허를 자산화하여 감가상각비로 비용 처리할 수 있다. 특허의 경우 7년(상표나 디자인은 5년) 동안 매입금액을 균등하게 나눠 감가상각비로 처리함으로써 순이익 규모에 따라 11~24.2%의 법인세와 지방소득세를 절세할 수 있다.

직무발명 보상금을 활용해서도 세금을 줄일 수 있다. 법인이 특허의 발명자로 등재된 임직원에게 직무발명 보상금을 지출하면 직무발명 보상금은 전액 비용 처리되어 순이익 규모에 따라 11~24.2%의 법인세와 지방소득세를 절세할 수 있다. 또한 연구인력개발비 세액공제도 해당돼 추가 절세가 가능하다. 중소기업의 경우 연구인력개발비 세액 공제율이 25%나 된다. 직무발명 보상금을 받은 임직원은 300만 원까지 비과세가 적용된다. 임직원에게 성과급을 지급하는 것만큼 회사와 임직원 모두 상당한 절세 혜택을 받을 수 있다.

대표이사도 발명자로 등재되어 있으면 직무발명 보상금을 받을 수 있다. 대표이사는 이렇게 받은 직무발명 보상금을 가지급금 정리에 유용하게 활용할 수 있을 것이다. 특허뿐만 아니라 실용신안, 디자인 역시 직무발명 보상금을 적용할 수 있다.

⑭
특허로 회사 지분을 확보할 수 있다

　'현물출자'란 말을 들어봤을 것이다. 출자는 사업을 위해 자본으로서 재산을 제공하는 것인데, 동산·부동산·채권·유가증권·특허와 같이 금전 이외의 재산으로 출자하면 현물출자가 된다.

　특허를 현물출자하는 것은 회사를 설립할 때도, 신주를 발행할 때도 가능하다. 회사를 설립할 때는 발기인만 특허 현물출자가 가능하고, 신주를 발행할 때는 누구나 가능하다. 회사를 설립할 때는 정관에 현물출자할 특허의 수와 가격, 부여할 주식의 종류와 수 등을 기재한다. 신주를 발행할 때는 해당 사항에 대해 이사회나 주주총회의 승인을 거친다. 공인된 감정인(변리사, 감정평가사)을 통해 특허 가격에 대해 감정을 받은 뒤 법원의 인가를 거친다. 벤처기업의 경우 기술보증기금 등 기술평가기관의 가치평가로 감정을 대체할 수 있다. 현물출자자는 납입기일에 맞춰 특허를 이전하고 이전

등록관련서류를 제공한다. 이러한 절차를 거쳐 특허를 현물출자한 사람은 회사의 주식을 취득하게 된다. 다시 말해 회사지분을 확보하는 것이다. 회사의 대표라면 자신이 개인적으로 보유한 특허를 현물출자함으로써 보유 지분을 늘릴 수 있다. 그러면 보다 안정적인 경영이 가능하다.

회사 입장에서는 특허 현물출자 금액만큼 자기자본이 늘어나게 된다. 당연히 회사의 재무 건전성이 좋아진다. 현물출자 금액만큼 부채비율이 낮아지기 때문이다. 부채비율은 부채 총계를 자기자본으로 나눈 값으로, 이 비율이 높을수록 지불 능력에 문제가 있다고 본다. 따라서 특허 현물출자로 자기자본이 늘어나면 부채비율이 낮아지므로 기업의 신용등급이 개선된다. 아울러 대외신인도가 올라가 보다 낮은 이자율로 대출이 가능하다. 기존 대출이 있다면 저렴한 이자로 대환할 수도 있다. 추가로 자금조달도 가능하다.

이처럼 특허 현물출자를 통해 회사를 설립할 때든 그 이후이든 회사의 지분을 취득할 수 있다. 현금이 없더라도 회사의 지분을 취득할 수 있다는 것이다. 회사 입장에서도 특허 현물출자를 통해 현금으로 투자받는 것과 마찬가지로 재무구조가 개선되는 장점이 있다.

15

이름부터 무섭다, 특허괴물!

　　제조나 서비스를 하지 않고 특허만을 보유한 채 수익화 사업만 하는 업체를 나쁘게 말해서 '특허괴물'이라고 한다. 그러나 대학이나 연구 기업도 제조나 서비스를 하지 않는데, 그렇다고 특허괴물이라고 비난하기는 어렵다. 그런 점에서 특허괴물보다는 특허관리전문회사(NPE: Non Practicing Entity)라고 표현하는 게 바람직하다. 사실 특허괴물의 공격을 받았다면 기업이 성공한 경우이므로 너무 우울해할 필요는 없다. 공격을 받고 싶어도 못 받는 경우가 대부분이다. 특허괴물이 대기업 외에 전략적으로 중소기업을 공격하는 경우도 있지만 드문 편이고, 스타트업을 공격하는 경우는 없다고 봐도 된다. 보도에 따르면 우리나라 기업이 2012년부터 2017년 7월까지 NPE로부터 해외 소송을 당한 건수는 총 1,020건이었다. 이 가운데 중소기업이 당한 건수는 120건으로, 연간 20여 건이었다. 우리나라 중소기업 수를 고려하면 NPE의 공격이 우려할 수준은 아니다. 하지만 당한 입장에서는 매우 부담될 것이다.

NPE의 공격이 부담되는 가장 큰 이유는 공격받은 기업이 NPE에 보유 특허로 역공을 날리기 어렵다는 것이다. NPE는 제조나 서비스를 하지 않으므로 특허를 침해받을 일이 없기 때문이다. 그러나 NPE의 공격을 너무 두려워할 필요는 없다. 경쟁사는 때때로 상대를 죽이기 위해 특허소송을 활용하기도 하는데, NPE는 돈만 바랄 뿐이다. 죽이겠다고 덤비지는 않는다는 것이다. 기업에 큰 부담이 되지 않는 선에서 적절한 협상으로 마무리할 수 있다는 의미다. NPE도 몇 년 동안 소송을 하면서 100을 버는 것보다는 초기에 20~30을 버는 것을 선호한다. 네임 밸류가 떨어지는 NPE일수록 그러한데, 그들도 소송을 끝까지 가기에는 리소스가 부담되기 때문이다. 또 비침해 가능성이 높거나 무효 가능성이 높을수록 더 그렇다. 분쟁 경험이 부족한 중소기업을 대상으로 위협하여 푼돈이나 좀 받으려는 요량도 있다.

NPE도 분쟁을 진행하기 전에 미리 상대방 제품의 침해 가능성을 따져보고 자신의 특허 무효 가능성도 따져본다. 패소 가능성이 높은 특허를 가지고 소송을 끝까지 가려는 바보는 없다. 미국의 침해소송은 소송가액에 따라 다르지만 대개 수백만 달러는 감수해야 하기 때문이다. 물론 NPE는 수백만 달러를 변호사에게 주기보다는 이겼을 때 이익을 나누는 형태, 전문 용어로 '컨틴전시(contingency)' 방식이나 이를 적절히 섞은 하이브리드 방식으로 많이 진행하기에 비용 부담이 공격받는 기업에 비해 덜하다. 하지만 변호사들도 승소 가능성이 높지 않으면 리소스를 거의 투여하지 않는다.

따라서 NPE의 공격을 받았다면 먼저 NPE의 과거 히스토리 등 실체를 파악해보고 침해 가능성과 무효 가능성을 분석한 뒤 그에 따라 부담이 가지 않는 선에서 적절히 합의해 빨리 분쟁을 종결하는 게 좋다. 우리나라에서처럼 대법원까지 가보겠다는 전략은 어리석은 행위다. 그리고 법적 대응을 할 때는 우리나라의 무효심판에 해당하는 'IPR(Inter Partes Review)'이라는 절차를 활용하는 게 좋다. 청구항 무효율이 60%대일 정도로 높아 NPE의 활동을 주춤하게 만든 장본인이다. 비용은 30만 달러 내외가 소요되는데, 수백만 달러가 드는 미국 침해소송에 비해 매우 싼 편이다. 피소 받은 기업끼리 연합해 대응하면 비용부담을 더 줄일 수 있다.

회사의 규모가 커지면 NPE와의 특허분쟁을 피하기는 어렵다. 삼성전자를 보라. 수시로 특허분쟁에 휩싸인다. 그러나 NPE와의 특허분쟁을 줄일 수는 있다. 사전에 특허맵 분석 등을 통해 주요 특허를 도출하고 대응전략을 세워두면 된다. 회피설계, 라이선싱, 매입, 무효화 전략 등 다양한 방법을 고려할 수 있다. RPX와 같은 방어형 특허관리 전문회사의 서비스를 이용하는 것도 한 방법이다.

NPE는 2010년대 초반까지 미국에서 엄청난 호황을 누렸다. 그러나 미국 대법원의 판례 동향만 봐도 이제는 그런 호황을 누리기 어렵다. 따라서 NPE 때문에 사업하기가 무섭다고 생각할 필요는 없다.

최근 랜달 레이더(Randall Radar) 전 미국 연방순회항소법원장은 '특허소송에 많이 연루된다면 성공한 기업'이라고 했다. 나 역시 이 말에 동의한다. NPE가 군침을 흘릴 정도로 사업을 잘 키우길 바란다.

부록

**투자유치에 반드시 알아야 할
11가지 노하우**

투자를 받을 만한 '깜'이 됨에도 노하우 부족으로 투자를 제대로 못 받는 경우가 허다하다. 어드바이저의 자문을 받아 하든 나 홀로 하든 투자 유치는 멀고도 험난한 과정이며 아무 것도 모른 채 무작정 덤벼들 일이 아니다. 여기서는 '깜'이 되는 기업을 전제로 투자 유치를 위해 기본적으로 알아둘 사항을 설명한다. '깜'이 안 되는 기업은 먼저 '깜'이 되기 바란다.

01

반드시 투자를 받아야 할까?

기업, 특히 스타트업은 끊임없이 성장해야 한다. 성장의 정체는 치명적이며 자칫 좀비 기업으로 전락할 수 있다. 기업이 성장하기 위해서는 여러 리소스가 필요하지만 그중에서도 피 같은 존재가 자금이다. 자금조달 전략을 잘 세워야 하는 이유다.

기업의 성장에 필요한 자금을 반드시 투자로 해결할 필요는 없다. 자체 매출과 이익 발생을 통해 기업을 성장시킬 수도 있다. 그러나 상장사처럼 성숙 단계의 기업이 아닌 이상 대부분의 기업은 자체 자금만으로는 성장하기 어렵다. 일단은 외부의 투자 없이 자력으로 이익을 발생시키는 단계로 진입하는 것부터가 어렵다. 설사 그런 단계에 진입했다고 하더라도 시간이 너무 많이 걸린다. 성장이 더딜 수 있다는 얘기다. 이는 치명적인데, 충분한 자금력을 갖춘 경쟁사가 등장하면 도태될 수도 있기 때문이다. 또한 어렵사리 이익을 발생시켜 회사가 자체적으로 굴러가더라도 확보한 이익금이 큰 도약을 준비하기에는 미미하거나 부족할 수 있다. 고만고만한 단계에서 멈춰버릴 수 있다는 것이다.

투자를 받는 것, 그 자체가 기업의 성공을 의미하지 않는다. 따라서 투자 받는 것을 성공의 지표로 삼는 것은 적절하지 않다. 그러나 적절한 투자유치는 기업을 급성장시키는 연료 혹은 불쏘시개가 된다. 지분을 팔아 성장동력을 사서 스타트업의 생명과도 같은 성장속도를 높일 수 있다. 무엇보다도 투자라운드마다 밸류를 높여가며 투자를 지속적으로 받는다는 것은 기업의 성공 가능성이 높아지고 있다는 것을 의미한다.

투자와 대출은 자금조달의 양대 축이지만 언제나 선택적인 사항은 아니다. 예를 들어, 상장 내지 M&A가 목표가 아니라 그저 생계형으로 기업을 길게 운영하는 게 목표라면 투자를 받으려고 해서는 절대 안 된다. 예외가 없지 않으나 대출은 가능해도 투자는 불가하다. '은행 대출처럼 갚아야 하는 부담이 없으니 투자 좀 받아야지' 하는 생각은 지극히 아마추어적이고 잘못된 것이다. 투자의 속성을 전혀 이해하지 못한 것이다. 투자를 받으려는 준비 자체가 리소스 낭비이고, 투자를 받기도 어렵다. 설령 투자를 받더라도 투자사와 기업 모두 곤란하고 피곤한 상황에 빠지기 십상이다. 투자를 받으면 투자자에게 상장이나 M&A를 통해 투자금보다 훨씬 많은 금액으로 회수시켜 줄 것을 염두에 두어야 한다. 사업에 실패해 한 푼도 돌려줄 수 없는 상황이 발생할 수도 있겠지만. 아무튼 기업을 급성장시키려고 한다면 투자를 받는 게 바람직하다.

타이밍

"다음 달까지 꼭 투자를 받았으면 합니다. 검토 좀 서둘러 주시길 부탁드립니다."

이런 말을 한 창업가는 몇 가지 실수를 했다.

첫째, 대부분의 펀드는 절차상 한두 달 만에 투자를 완료할 수 없다. 보통 3~6개월은 걸린다. 투자를 하고 싶어도 하기가 어렵다.

둘째, 창업가의 자금 관리 능력이 크게 부족할 뿐만 아니라 회사에 상당한 리스크가 존재할 것이라는 부정적 인상을 준다. 따라서 투자가 거절될 가능성이 높다. 셋째, 설령 투자가 되더라도 투자사에 매우 유리한 조건으로 이뤄질 것이다. 시간이 지날수록 투자사가 유리하기 때문이다.

운영자금이 빠듯해 도저히 자체 자금으로 운영이 어려울 때 투자사를 찾는다면 이미 타이밍을 놓친 것이다. '잘 안 되니까 투자를 받지 잘 되면 왜 투자를 받느냐'고 푸념하는데, 이는 투자를 잘

못 이해한 것이다. 투자사는 IPO나 M&A를 통해 엑시트(exit)할 가능성 보이는 기업에 투자한다. 달리는 말이 힘차게 더 잘 달릴 수 있도록 투자하는 것이지 병들고 지친 말에 투자하지는 않는다. 성장단계별로 마일스톤을 달성하는 시점에 다음 단계의 마일스톤을 도달할 수 있음을 보여주면서 투자를 받아야 한다.

물론 현실에서는 타이밍을 잡기 어려울 경우가 많다. 예를 들어, 운영자금이 7개월치 남았는데 마일스톤 달성이 지연되어 잘해야 3개월 후에나 가능할 것 같다. 투자유치 기간을 고려할 때 지금 투자 라운드를 시작할 것인지 아니면 마일스톤을 달성할 때까지 기다릴 것인지 결정해야 한다. 이러한 결정은 매우 어려울 수밖에 없고, 답이 없다. 외부 투자 환경부터 기업이 처한 상황 등 여러 가지를 복합적으로 고려해 전략적으로 판단해야 한다.

03
많이 받을수록 좋다?

"투자를 받고자 하는 금액이 얼마인가요?" "당연히 많이 받을수록 좋습니다."

여기서 창업가는 무슨 실수를 한 것일까?

첫째, 투자금을 정부 창업지원금처럼 공짜라고 생각하는 인상을 준다. 소위 '먹튀'를 의심케 한다. 둘째, 성장단계별로 지분을 전략적으로 활용하여 기업을 성장시켜야 하는데 그러한 플랜이 전혀 없이 '하루 벌어 하루 사는' 생계형 창업이라는 인상을 준다. 셋째, 반드시 필요한 소요자금이 구체적으로 얼마인지 계산도 안해봤다는 것은 사업 전반에 걸쳐 대충 진행한다는 인상을 준다.

투자는 기업의 지분과 투자금을 교환하는 것이다. 공짜가 아니다. 기업의 지분은 경영권과 부 측면에서 매우 중요하다. 일반적으로 기업은 성장단계별로 지속적인 투자를 받아야 하고 그 과정에서 창업자의 지분이 줄어들 수밖에 없다. 그런데 지분 가치는 시간에 따라 변동한다. 예를 들어, 초기엔 지분을 20%를 주고서 10억 원을 투자받지만 기업이 성장하면 지분을 10%만 주고도 10억 원을 투자받을 수 있다. 따라서 무조건 많이 투자를 받을 게 아니라 성장단계별로 필요한 자금을 받고 기업 가치를 올려 그다음 단계에서 투자를 받는 게 바람직하다. 다만 외부 투자 환경이나 기업 가치 평가액에 따라 전략적으로 조정할 필요는 있다.

소요자금은 대체로 자산취득비, 개발비, 인건비, 마케팅비, 운전자본 등으로 나누어 월단위로 구체적으로 추정해야 한다. 특히 제조업의 경우 매출의 급속한 증가는 치명적일 수도 있으므로 운전자본 산출에 주의를 기울여야 한다. 운전자금은 가급적 투자금보다는 대출금으로 해결하는 게 바람직하다.

04
펀드의 속성

투자를 받는 과정을 잘 이해하기 위해서는 펀드의 속성이 무엇인지 알아야 한다. 벤처캐피털을 포함하여 전문 투자사의 투자를 받는다는 것은 대부분 펀드 자금을 통해서 받는다는 것을 의미한다. 펀드는 중소기업창업투자조합, 한국벤처투자조합(중소기업창업 투자조합과 통합될 예정), 신기술사업투자조합, 사모펀드(PEF와 헤지펀드) 등 종류가 다양하다. 어떤 종류든 펀드는 GP(General Partner)라 불리는 운용사, 즉 전문 투자사가 투자 대상을 발굴하여 투자하고 사후관리를 한다. LP(Limited Partners)는 펀드 자금을 공급하는 투자자로, 한국벤처투자의 모태펀드를 포함해 연기금이나 기업, 개인 자산가 등이 여기에 해당한다.

GP는 펀드를 운용하는 대가로 대개 연 2% 내외의 운용보수와, 펀드를 청산했을 때 기준수익률 초과분의 20%에 해당하는 성과보수를 받는다(개인들이 주요 LP로 참여하는 개인투자조합의 경우에는 펀드

규모가 워낙 작기 때문에 다소 차이가 있다). 운용보수만으로는 배가 고프다. 따라서 투자사는 성과보수를 안겨줄 투자처가 필요하다.

펀드는 포트폴리오 투자를 하는데, 10~20개 기업에 투자한다. 초기기업 위주의 펀드가 이익배수 3이상, IRR(내부수익률, Internal Rate of Return) 15% 이상의 수익률을 기록하면 투자사는 성과보수를 상당 부분 챙길 수 있다. 이를 위해서는 10개 기업 중 2개 정도는 투자금 대비 10배 가까운 수익을 안겨주어야 한다. 상당수는 망해서 회수가 전혀 안 되거나 원금 및 이자 수준에 머물기 때문이다. '10배 수익을 챙긴다고? 내 피 같은 지분을? 이런 도둑놈들!' 하고 생각하면 안 된다. 10배의 수익을 안겨줄 홈런타자가 될 확률보다는 홈런타자 덕에 투자를 받은 수혜자가 될 확률이 객관적으로 높기 때문이다. 만약 홈런타자가 됐다면 투자 덕에 이미 큰 성공을 거둔 것인데 그리 아까워할 필요가 있을까?

투자 성과가 좋으면 성과보수를 많이 받는 것에 그치지 않는다. 추후에 신규 펀드를 조성하기도 쉽고, 펀드매니저 몸값도 올라간다. 높은 수익을 줄 만한 기업을 찾는 이유다.

05
밸류에이션은 어떻게 할까?

2016년 가을 Pre-IPO 단계의 P사 관련 투자조합에 투자한 적이 있다. 당시 밸류에이션 로직은 이러했다. 먼저 2017년 순이익을 추정했다. 여기에 동종업계의 평균 PER를 구해 순이익과 곱해서 2017년 말 기준 기업 가치를 계산한 후 절반 수준으로 디스카운트했다. 실현 가능성이 충분하다고 보여 투자를 했는데 실제로는 예상보다 배 이상의 수익이 발생했다.

그러나 이러한 밸류에이션 방법은 초기기업에 적용할 수 없다. 순이익 추정 자체가 불가능하기 때문이다. 현금흐름할인(DCF)을 통한 밸류에이션 역시 초기기업에 맞지 않다. 현금흐름할인법도 미래 수년간의 영업이익에 대해 추정을 하는 것인데 초기기업의 경우 그 부정확성이 너무 크다. 더군다나 망할 가능성을 전혀 반영하지 못한다.

그렇다면 초기기업은 밸류에이션을 어떻게 할까? 초기기업의 경우는 정교한 밸류에이션 방법이 없다는 것을 이해해야 한다. 모든 게 가정이고 변동 가능성이 매우 높다는 점을 고려하면 당연하다. 앞서 Pre-IPO 기업마저 실제 배 이상 차이가 났는데 초기기업에 대해 뭘 더 바랄 수 있을까?

그렇다고 투자사가 아무렇게나 값을 부르지는 않는다. 투자사는 먼저 미래 회수를 할 때 도달 가능한 기업의 가치를 예측해본다. 유사한 기업들이 상장하거나 거래 내지 투자된 예를 기초로 피투자 기업의 여러 요소를 고려하여 미래 가치를 대략 추정한다. 또 다음 투자라운드에서 얼마의 가치에 투자가 이루어질지 추정해본다. 최소 두 배 이상이어야 한다. 물론 이전 라운드의 가치도 참고한다. 잠재회수 가치와 다음 투자라운드의 가치에 대해 감을 잡으면 투자 시점에 따라 적당히 할인한다. 예를 들어 시리즈 A단계라면 10배수 내외, 시리즈 B단계라면 5배수 내외로 할인한다. 이 정도의 범위(값이 아니라 범위다)를 염두에 두고 창업가와 협상을 진행한다. 아주 초기라면 밸류 범위가 거의 정해져 있다고 볼 수 있다. 창업가도 강점을 잘 어필하여 협상을 진행할 필요가 있다. 다만 투자 밸류가 지나치게 높게 책정되면 다음 라운드 펀딩이 어려워져 피투자 기업에 좋지 않을 수 있다는 점을 염두에 두기 바란다.

지분율은 어떻게 변할까?

A는 5,000만 원 자본금으로 모바일 서비스 스타트업을 창업해 운영하고 있다. 앱을 좀 더 고도화하고 마케팅을 늘리기 위해 5억 원의 자금을 투자받고 싶다. 다행히 A의 서비스를 높이 평가한 초기투자 전문 VC와 긍정적으로 투자를 논의하고 있다. 기업 가치에 대해 VC는 15억 원을 제시했는데 A는 25억 원을 인정받고 싶다. 협상 끝에 20억 원으로 합의를 했다. 이때 VC가 갖게 되는 지분은 몇 퍼센트일까?

이는 합의한 기업 가치가 프리밸류(pre-money value)인지 포스트밸류(post-money value)인지에 따라 다르다. 기업 가치는 시가총액으로, 총주식 수에 주식 가격을 곱한 값이다. 프리밸류는 투자 전 기업 가치, 즉 VC로부터 투자받을 5억 원을 포함하지 않은 상태에서 기업 가치가 얼마인지를 의미한다. 반면에 포스트밸류는 투자 후 기업가치, 즉 VC로부터 투자받을 5억 원을 포함한 상태에서 기업 가치가 얼마인지를 의미한다.

따라서 프리밸류 20억 원에 5억 원을 투자받는 것이라면 VC는 5억 원/ (20억 원+5억 원), 즉 20%의 지분을, A는 80%를 갖게 된다. 반면에 포스트밸류 20억 원에 5억 원을 투자받는 것이라면 VC는 5억 원/20억 원, 즉 25% 지분을, A는 75%를 가지게 된다. 합의한 기업 가치가 프리밸류인지 포스트밸류인지에 따라 5% 지분이 움직인다. 당연히 A 입장에서는 프리밸류가 유리하다.

그런데 다른 VC도 이번 투자라운드에 2.5억 원을 함께 투자하겠다고 한다. 이 경우 지분율은 어떻게 될까?

프리밸류 20억 원인 경우 두 VC는(5억 원+2억5,000만 원)/(20억 원+5억 원+2 억5,000만 원), 즉 27.3%의 지분을, A는 72.7%를 가지게 된다. 5억 원에 20% 지분을 VC에게 주는 조건이었는데 7.5억 원에 30%가 아닌 27.3%의 지분만 VC에 주면 된다. 반면에 포스트밸류 20억 원인 경우 두 VC는(5억 원+2억5,000만 원)/20억 원, 즉 37.5%의 지분을, A는 62.5%의 지분을 갖게 된다. 5억 원에 25%의 지분을 VC에게 주는 거였는데 7.5억 원에 37.5%의 지분을 VC에 주어야 한다. 투자금이 늘어남에 따라 VC가 갖게 되는 지분율의 차이가 더 커지게 되는 것이다.

이처럼 합의한 기업 가치가 프리밸류인지 포스트밸류인지에 따라 지분율 변화가 생기므로 창업자는 VC와 협상을 할 때 기업 가치가 프리밸류인지 포스트밸류인지 처음부터 명확히 해야 한다. 당연히 창업자 입장에서는 프리밸류로 접근하는 것이 유리하고 VC는 포스트밸류로 접근하는 것이 유리하다. VC가 포스트밸류 관점에서 접근한다면 창업자는 이러한 차이점을 염두에 두고서 애초에 20억 원이 아닌 25억 원을 타깃으로 하여 협상하는 것을 고려해야 한다.

07

어떤 IR 자료가 좋을까?

투자사 임원으로서 그리고 어디 심사위원이나 자문위원으로서 많은 IR 자료(투자제안서)를 검토했다. 그러면서 몇 가지 느낀 점이 있다.

투자사의 투자관점에 맞춰

투자사가 정부 모태펀드 자금을 운영하더라도 투자를 하는 목적은 수익을 보기 위함이다. 정부의 창업지원금이나 R&D 과제 사업비와 비슷한 성격으로 생각하는 이들이 있는데 전혀 그렇지 않다. 투자사는 투자금 회수 가능성 관점에서 투자 여부를 검토한다. 그것도 많은 수익금을 회수할 수 있는지 검토한다. 다시 말해, '지금 여기 투자하면 나중에 성공해서 많은 수익을 안겨줄 수 있을까'라는 관점에서 접근한다. 그리고 그런 큰 수익을 주는 기업은 '충분한 크기의 시장에서 시장지배력을 가지거나 그럴 가능성이 높은 기업'일 것이다. 이런 관점에서 생각하면, IR 자료에 기술에 대한 설명으로 도배하는 것이 과연 효과적일지는 자명해진다.

IR 자료에는 일반적으로 문제점, 제품 및 서비스(해결책), 시장 분석, 경쟁사 분석, 수익모델, 마케팅전략, 팀 구성, 성장계획, 재무 추정, 투자금 용처, 회수 방안 등을 작성한다. 어떤 배치로 어디에 강약을 둘지는 기업의 성장단계와 특징에 따라 다를 수 있다. 다만 어떤 경우라도 상대방 관점, 즉 투자사의 투자관점에서 매력적으로 작성했는지를 점검해야 한다.

예를 들어, 재무 추정을 하는 경우 현실적으로 달성 가능한 범위에서 낙관적 실적을 제시하는 것이 바람직하다. 너무 허황된 실적 추정은 투자사에 부정적 인상을 준다. 반대로 너무 보수적인 실적 추정을 하는 것도 투자 매력도를 크게 떨어뜨린다. 투자사는 회사가 제시한 실적에서 리스크를 반영하여 할인한 실적을 투자의사결정에 반영하기 때문이다. 또한 IR 자료에 자체적인 밸류에이션 자료는 넣지 않는 게 바람직하다. 어설픈 밸류에이션은 자칫 회사에 대한 호감도를 떨어뜨릴 수 있기 때문이다.

쉽고 명쾌하게

문제점이 무엇인지, 그 문제를 어떻게 해결하겠다는 것인지, 해결하는데 왜 최적임자인지, 시장 크기가 얼마나 되는지, 고객이 누구이고 수익을 어떻게 내겠다는 것인지, 시장지배력을 유지하기 위한 전략은 무엇인지, 쉽고 명쾌해야 한다. 투자자의 머리에 그림이 그려지게 해야 한다. 횡설수설 써놓으면 자신의 사업을 정확히 파악하지 못하고 있는 것으로 보일 뿐이다. 투자자와의 소통 노력이 부족하다고 판단한다. 나아가 고객과의 소통 능력 역시 부족할 것이라고 판단한다.

전문 용어가 난무하면서 빽빽한 글씨로 도배되어 있는 자료를 보노라면 한마디로 답답해진다. 어렵고 복잡한 기술이나 서비스 기반 사업일수록 더더욱 쉽고 명쾌하게 작성해야 한다. 그래야 메시지를 정확히 전달할 수 있다. 투자사가 이해하지 못하면 당신만 손해가 아닌가.

간결하지만 구체적으로

얼핏 보면 서로 충돌되는 말이다. 사족은 단순 추가의 의미가 아니라 핵심을 파악하는 데 방해가 된다. 그런 점에서 간결하게 작성해야 한다. 다만 뜬구름 잡는 얘기는 곤란하다. 초기기업일수록 성과지표가 부족하다. 실적치가 부족하니 추정치로 얘기할 수밖에 없다. 그러나 추정치도 논리와 근거와 필요하다. 그런 점에서 구체적으로 작성해야 한다. 예를 들어, 향후 3년간 매출 추정을 30억 원, 100억 원, 300억 원으로 그럴듯하게 해놓고는 그 산출 논리와 근거에 대해서는 아무것도 제시하지 못하고 의욕만 보여서는 곤란하다. 당연히 매출 추정이 어렵다. 추정대로 되는 경우는 드물다. 하지만 나름 합리적인 논리와 근거에 기초한 추정치 여부는 매우 중요하다.

막연한 추정은 사업가가 아니라 몽상가로 취급받는다. 투자사는 사업가에 투자하지 몽상가에게 투자하지 않는다.

08

IR 발표는 이렇게

스토리텔링 하듯이

재활솔루션 사업을 하게 된 에피소드나 시각장애인용 웨어러블 사업을 하게 된 에피소드로 시작하는 IR를 듣노라면 큰 호감이 가는 게 사실이다. 그런 에피소드가 없더라도 발표 내용들이 서로 연결되면서 물 흐르듯이 발표해야 한다. 짜임새 있고 전달력이 좋기 때문이다. IR 자료 내용을 거의 읽다시피 하면서 발표 내용이 파편화되면 메시지가 제대로 전달되지 않는다.

자신감을 가지고 여유롭게

당연히 긴장될 것이다. 특히 투자사의 심의위원 모두가 참여한 곳에서 발표할 경우에는 더욱 그럴 것이다. 그러나 자기 가족에게 투자를 권유해도 될 만큼 사업에 확신을 갖고 근거 역시 확실하다면 자신감을 가질 수밖에 없다. 이러한 자신감과 그에 기초한 미소, 여유로운 모습은 긍정적으로 작용한다. 사기꾼이나 허풍쟁이가 아닌 한, 사업에 확신이 없다면 자신감을 가질 수 없기 때문이다.

근거 없는 설득이 아니라 근거에 기초한 설명을

많은 기업의 꿈은 상장이다. 그러나 코스닥에 상장되어 있는 상당수의 기업에 대해 우리는 '잡주'라고 한다. 믿을 수 없다는 것이다. 하물며 비상장 기업은 오죽할까. 더군다나 초기기업은 더욱 더 리스크 덩어리다. 때문에 실적 데이터와 합리적인 논리로 투자 가치가 있음을 설명해야 한다. 근거 없는 우격다짐 식의 설득은 회의와 불신만 가중시킨다.

Q&A를 적극적으로

발표에는 상대성 이론이 작용한다. 발표하는 사람에겐 시간이 빠르게 지나간다. 그러나 듣는 사람은 그렇지 않다. 웬만해서는 30분을 넘어가면 집중력이 떨어진다. 하나둘 졸고 있는 투자사 임직원을 보게 될 것이다. 막상 Q&A 시간이 되면 기초 질문에서 머물게 된다. 상황에 따라 다르겠지만 발표는 20분 내외, 길어도 30분을 넘지 않는 게 좋다. 그리고 Q&A를 적극 활용하라. Q&A 때 졸고 있는 사람은 없다. 세부사항은 appendix나 별도 자료로 준비하여 Q&A 때 적극 활용하면 좋은 인상도 주면서 효과적으로 시간을 쓸 수 있다.

멘탈을 유지해야

투자사는 기본적으로 기업의 말을 곧이곧대로 믿지 않는다. 뭔가 과장되어 있고 리스크를 감추려고 한다는 시각을 가지고 접근한다. 그러다보니 시니컬한 지적을 하는 경우가 있다. 그럴 때 논쟁을 하는 것은 바람직하지 않다.

여유롭게 대처하는 모습은 심의위원에게 좋은 인상을 준다. 덧붙여, 투자를 거절당하는 법에도 익숙해질 필요가 있다. 국민 배우도 모든 사람의 사랑을 받지 못한다. 어차피 한 군데서만 받아도 성공이다.

피드백 받아 연습을 반복해야

특별히 재능이 있는 게 아니라면, 발표 연습을 하고 안 하고는 천지 차이다. 발표 연습을 해봐야 IR자료의 완성도도 올릴 수 있다. 예상 질문도 만들어 답해보는 연습도 좋다. 관련 전문가의 피드백을 받아서 연습하면 더 바람직하다.

전문적인 부분은 적정한 선에서만

IR 발표 때 높은 기술적 이해도가 필요한 부분이나 전공지식이 있어야 이해할 수 있는 부분은 적당히 큰 그림 위주로만 설명하고 넘어가는 것이 좋다. IR에 참석하는 사람 중 상당수는 기술적인 백그라운드가 없는 사람이 대부분이다. 특히 의사결정에 영향력이 높은 사람일수록 기술에 대한 이해도가 떨어지는 경우가 많다. 여기에 너무 많은 시간을 써버린다면 정작 중요한 얘기를 할 시간이 부족해진다. 세부적인 건 Q&A 시간을 활용하는 게 낫다.

09

투자사에 대해 파악하라

시리즈급 투자는 주로 VC로부터 받는다. 정확히는 VC가 운용하는 펀드의 자금을 받는 것이다. 그런데 이러한 펀드는 주요 투자대상, 펀드 사이즈, 투자기한 등이 제각각 다르다.

예를 들어, 투자대상 측면에서 보면 주로 바이오 기업에 투자하는 펀드, ICT 기업에 투자하는 펀드, 문화콘텐츠 기업에 투자하는 펀드, 지식재산권 기업에 투자하는 펀드, 3년 이내 스타트업에 투자하는 펀드, 39세 이하의 청년기업에 투자하는 펀드, 재기기업에 투자하는 펀드 등 다양하다. 바이오 회사가 문화콘텐츠 펀드만을 운용하는 VC에 찾아가본들 투자받기는 어렵다. 번지수를 잘못 찾은 것이다.

펀드 사이즈를 보더라도 100억 원대 소규모에서 수천억 원 규모의 대형 펀드도 있다. 여기서 알아두어야 할 것은 펀드 사이즈가 크다고 그만큼 많은 기업에 투자하지는 않는다는 것이다. 펀드 사이즈에 상관없이 펀드당 보통 10개 내외 기업, 많아도 20개를 넘지는 않는 게 일반적이다.

예를 들어, 100억 원짜리 펀드에서 평균 10억 원, 10개 기업에 투자한다고 1,000억 원짜리 펀드에서 평균 10억 원, 100개 기업에 투자하지는 않는다. 1,000억 원짜리 펀드면 평균 50~100억 원, 10~20개 내외의 기업에 투자한다고 보면 된다. 그런 측면에서 1,000억 원짜리 펀드는 초기기업에 관심을 갖기 어렵다. 10억 원을 투자받으려는 초기기업이 1,000억 원짜리 펀드에 투자해 달라고 하는 것은 헛수고일 가능성이 크다는 말이다.

펀드 존속기간은 성격에 따라 다르지만 대개 7~8년이다. 그러나 이 기간에 계속 투자하지는 않는다. 투자기간 3~4년, 회수기간 3~4년이다. 투자기간 내에 펀드 자금을 다 소진하고 회수기간에는 이미 투자한 건에 대해 사후관리를 한다. 따라서 이미 투자기간이 지난 펀드에 투자해 달라고 하는 것은 어리석은 짓이다. 또한 펀드 존속기간이 얼마나 남았는지를 파악하는 일도 중요하다. 투자사는 펀드 존속기간이 만료가 되기 전까지 어떤 형태로든 회수하려고 하기 때문이다.

그럼 이런 정보들을 어디서 파악할 수 있을까? 한국벤처캐피털협회에서 운영하는 'DIVA(https://diva.kvca.or.kr)'라는 시스템과 한국벤처투자에서 제공하는 '모태펀드 출자펀드 찾기(https://fundfinder.k-vic.co.kr)'를 이용하면 알 수 있다. 어느 분야의 어느 기업이 누구로부터 얼마만큼 투자받았는지에 대한 정보도 활용해 볼 만하다. '더브이씨(https://thevc.kr)'를 이용하면 된다.

이런 과정을 거쳐 관심 가는 VC가 있다면 해당 홈페이지를 방문해 어떤 펀드를 운용하며 투자 포트폴리오는 어떤지, 주요 투자 분야는 무엇인지, 인력 구성은 어떤지 등을 좀 더 살펴보면 도움이 될 것이다.

⑩ 투자사 대하는 법

　　투자사를 접촉하는 좋은 방법은 추천받는 것이다. 투자사의 심사역이나 임원급과 평소 잘 아는 사람이 소개를 하면 아무래도 좀 더 호의적이다. 소개한 사람에 대한 신뢰 때문이다. 그렇다고 이게 투자 여부를 결정짓는 것은 결코 아니다. 투자 여부는 결국 투자건이 얼마나 매력적인지, 얼마나 정확히 어필하는지로 수렴하고, 또 그래야 한다. 그런 면에서 단순히 투자사를 소개받는 것에 집착해 브로커에 의존하는 것은 곤란하다. 투자유치는 회사의 여러 업무 중 하나지만 회사 전반에 대한 평가를 받는 과정이기에 긴호흡으로 준비해야 한다.

　　과거에 비해 다양한 행사를 통해 투자사를 만날 기회가 많아졌다. 당장 투자 니즈가 없더라도 그런 기회를 잘 활용하여 평소에 투자사와 네트워크를 형성해두는 것도 좋은 방법이다. 하지만 투자사의 대표 메일로 투자제안서를 보내는 콜드 메일(cold mail)은

썩 좋은 방법이 아니다. 경험상 그런 메일로 접수된 건은 대부분 형편없다는 것을 알기에 우수한 투자 건 역시 도매급으로 묻혀버릴 수 있다. 물론 투자사에 따라 홈페이지에 투자제안서를 메일로 보내달라고 하는 적극적인 투자사도 있다. 그런 투자사라면 콜드 메일도 괜찮다.

어떤 식으로 접촉하든지 심사역에게 부담을 주는 것은 바람직하지 않다. 예를 들어, 날짜를 타이트하게 못박으면서 서둘러 투자 검토를 해달라고 하면 심사역에게 부정적인 인상을 줄 뿐이다. 심사역에게 사적 영역을 침범하는 느낌을 주는 것도 바람직하지 않다. 진행상황을 수시로 묻거나, 일과 이후에도 아무 때나 핸드폰으로 연락을 하는 것은 득보다는 실이 된다. 이는 투자사와 기업의 관계를 떠나 비즈니스 관계에서도 마찬가지일 것이다. 상식선에서, 그리고 입장을 바꿔 판단하면 된다.

11
챙겨야 할 계약 이슈들

펀드에서 기업에 투자하는 방식은 보통주, 전환상환우선주(RCPS), 전환사채(CB), 신주인수권부사채(BW) 등이 있다. 전환상환우선주 형태가 가장 많이 사용되는 방식이다.

창업자는 얼마의 밸류에 얼마를 투자받았느냐를 가장 중요시한다. 다른 것에 대해서는 별 관심도 없고, 알지도 못한 상태에서 그냥 덜컥 계약서에 사인하기도 한다. 그러나 향후 사업 진행 상황에 따라 밸류 못지않게 중요한 이슈들이 있다. 전환상환우선주 중심으로 주요 계약 이슈들을 간단히 살펴본다.

- 매각이나 해산 등에 의해 청산할 때 잔여 재산을 분배하는 경우, 투자자는 투자금을 우선적으로 돌려받고 잔여금을 또 나눠 가질 수 있다. 매각 가격에 따라 창업자는 한푼도 건지지 못하거나 자신의 지분에 비해 훨씬 적은 금액을 가져갈 수 있다.

- 마일스톤 투자는 경우에 따라 회사에 부정적인 영향을 미칠 수 있다.
- 밸류에 대해 투자사와 창업자 간에 이견이 클 경우, 투자사는 대개 창업자의 밸류를 받아주더라도 리픽싱(refixing) 조항을 둔다. 150억 원 밸류에 투자 받았다고 좋아했다가 100억 원 밸류의 투자를 받을 때보다 지분이 더 줄어든 것을 나중에 경험할 수 있다.
- 다음 단계에서 다운라운드 투자를 받으면, 지분희석방지(anti-dilution) 조항에 의해 급격한 지분 변동을 경험할 수 있다. 지나치게 높은 밸류로 투자를 받은 게 부메랑이 되어 돌아오는 것이다.
- 투자사의 동의권 내지 거부권 행사로 경영권 행사에 제한이 많이 걸릴 수 있다. 숫자로 보이지는 않지만 회사 경영에 큰 부담이 될 수 있다. 사전동의 사항 범위는 필히 확인해야 한다.
- 회사가 만족할 만한 성과를 보여주지 못할 경우 투자사는 회사를 팔아버리기도 한다. Drag-along rights, 동반매각청구권, (공동)매도요구권, 매도 청구권 등 다양한 이름으로 불리는 공포의 조항이다.
- 진술보장을 잘못했다가는 투자금도 돌려주고 손해배상을 할 수도 있다.

계약 이슈는 깊이 들어가면 수십 페이지 설명으로도 부족하다. 별도로 많은 공부가 필요하다. 투자사는 아무리 탐나는 회사라 하더라도 그 회사에 일방적으로 유리한 계약은 체결하지 않는다. 그리고 그 자체는 독소 조항이라 하더라도 회사마다 그 위험성은 차이가 날 수밖에 없다. 그래서 변호사의 법률 자문만으로는 해결할 수 없다. 회사 특성에 따른 리스크 정도를 정확히 파악하여 비즈니스적 판단을 하고 협상을 해야 한다.